恵子先生の教育たまてばこ

髙橋恵子
Keiko Takahashi

文芸社

はじめに

今、日本の教育現場は大きく揺らぎ、先の見えない状態です。多くの先生方は、その中で、日々奮闘しながら教育に当たっています。

かつては、知識偏重のため、社会に出たときに応用が利かないと批判され、今は、ゆとり教育の弊害のため、学力の低下が指摘されています。いつも両極端で、なかなかうまくいかないのが実状のようです。

また、本来なら原体験をたくさんさせなければならない小学校で、英語教育やパソコンが導入され、本来しなければならないことが後回しになっていることもあるようです。

時代が変化している今日、新しい電子機器を取り入れ、活用することも大事なことだと思いますが、基本は、人間が人間を育てることです。昔から行われていることには、それなりの意味があり、今後も、伝えていかなければならないことが多々あると思います。

私は二十八年間、東京都で公立小学校の教師をしてきました。辞めて七年経ちますが、時々、頼まれて講師として教壇に立つと、現職のとき学んだ多くのことは、今でも十分使えることを感じます。

私の学んだことは、多くの先輩から教えていただいたことや自分自身が体験の中で学んだことです。

団塊の世代が退職し、教育現場でも若い先生が増えてきていると聞きます。いろいろなことを直接お教えすることはできませんが、本という形ならお伝えすることができると思い、この度、五十音順にそれらを書き出してみました。若い先生方に、少しでもお役に立てれば幸いです。

私は、子どもは社会の宝ものだと思っています。どうぞ将来の日本を担う子どもたちのために、子どもの成長を喜び合いながら楽しく教育のお仕事をなさってください。応援しています。

髙橋惠子

恵子先生の教育たまてばこ

□□□もくじ□□□

恵子先生の教育たまてばこ

あ

☆☆☆☆☆☆☆

安全・安心な学校にしよう

ひと昔前までは、多くの人は、学校ほど安全な場所はないと思っていました。私もずっとそう思っていました。

ところが、平成十三年六月八日、大阪教育大学附属池田小学校で、二度とあってはならない悲しい事件が起きました。刃物を持った男が学校に入って来て、一、二年生の児童を襲ったのです。犯人は、逃げ惑う子どもたちを追いかけ、刃物で切りつけ、八人もの尊い命を奪いました。負傷者も十五人出しました。元気で出かけた我が子の変わり果てた姿と対面なさったご両親の気持ちを思うと、胸がつぶれるくらい苦しくなります。それも学校にいる時間に起きたのですから。学校は安全だという思いは一気に崩れてしまいました。

この事件があってから、日本各地の学校で不審者から子どもたちを守る取り組みがなされるようになりました。門、昇降口などに防犯カメラを設置したり、不審者対応の避難訓練をしたり、各学校で工夫して対策を練るようになりました。

不審者によるものではありませんが、学校では悲しい事件が後を絶ちません。例えば、サッカーゴールが固定されていなかったために倒れて子どもがけがをしたとか、屋上で学習中、天窓から落下して子どもが亡くなってしまったとか、思いもよらないことが起きています。子ども（命）を預けている保護者にとって、悲しい連絡を受けることほど辛いものはありません。

学校では、施設、設備の点検を月一回は行っていますが、自分の教室やそのまわり、子どもたちがよく行く所などは、もっとこまめに点検する必要がありそうです。

教室では、一見、見えない所にくぎが出ていたり、掲示板に画鋲の針だけがささっている場合もあるので、気をつけなければなりません。大人と子どもでは背丈が違うので、時々、子どもの目線で、まわりを見渡してみると、危険なものを見つけられていいかもしれません。

また、子どもたちが、安心して生活できているのか、考えてあげることも大事です。

一年生を担任していたとき、こんなことがありました。その日は、午前中授業で、給食を食べたら下校することになっていました。ところが、さようならをした後なのに、一つだけ机の上にランドセルが置いてあるのです。私は、教室周辺を見たのですが、誰もいないので、トイレにでも行っているのかな……と思い、仕事をしながら教室で待っていました。すると、ランドセルの持ち主の男の子が、泣きながら教室に入って来て、

「先生、パンツがトイレの中に落ちて流れちゃったの」

と言うではありませんか。私は、その男の子がパンツをぬいで、大きい方をしたから、何かの拍子にパンツが便器に落ち、水を流すとき、一緒に流したのだと思い、

「大丈夫よ。あなたが流れちゃったら大変だけど、パンツはいくらでも取り替えがあるから、保健室にもらいに行きましょうね。でも偉かったね。パンツがなくなっても、ちゃんとズボンをはいて教室に戻ってこられたんだもの。すごい！　すごい！」

と、ほめ、二人で保健室にパンツをもらいに行きました。

一年生ですから、先生がこわくて何も言えない状況だったら、パンツが流れたことも言えず、もっと困ったでしょう。悪いことをしたらしかりますが、先生に対して安心して何でも言えるとか、教室に安心していられる状況にしてあげることは、大事なことだと思いました。

学校には、毎日、元気で可愛い子どもたちが大勢通ってきます。教師は、その一人一人の命を守りながら、教育する立場にあります。ですから、常に、施設・設備が安全に保たれているか、子どもたちは安心して生活できているかを意識して見ていく必要があるでしょう。

い

☆☆☆☆☆☆☆

井の中の蛙にならないで

元同僚の男性教師が、

「子どもが中学生になってから『おやじの会』に出席するようになったら、知り合いが増えただけでなく、いい刺激になっているんだ」

と話してくれました。その会では、教師は自分だけで、他の人は違う職業のため、自分の知らない話がたくさん聞けて新鮮だというのです。中には、自分の仕事に役立つものもあるとかで視野が広がったことを喜んでいました。

別の女性教師はスキューバダイビングが大好きで、海にもぐっているときは学校のことを全く忘れ、リフレッシュできると話してくれました。

私自身、長年教師をしていたので分かるのですが、教師は、常に頭の中は子どもや授業のことでいっぱいです。仲間とお茶をしても、やはり話題は教育関係です。ややもすると閉鎖的になりがちな教師社会ですから、先に挙げた先生たちのように、異業種の方と交流したり、趣味をもって活動したりして、視野を広げられるといいですね。そのことは教育面でも必ず役に立つはずですから。

たまには井戸から出て広い世界を見てください。

い

☆☆☆☆☆☆☆

命は一つ、大切さを教えよう

　芸能人の明石家さんまさんのお嬢さんの名前は、〝ＩＭＡＬＵ〟さんといいますが、これは、『生《い》きているだけでまるもうけ』ということ（座右の銘）からきているとネットで見たことがあります。

　私たちは、ともすると、生きているのは当たり前のように思ってしまいますが、本当はすごいことなのですよね。命は尊いものです。

　それなのに、最近は、殺人や自殺が後を絶ちません。私は、今、子どもたちに一番教えなければならないことは、「命を大切にする」ということなのではないかと強く思います。

　一つの命が、母親の子宮に宿っても、無事に生まれる保証はありません。出産までこぎつけても、出産時に何か起こることもあります。無事生まれてきても、常に危険はつきものです。繰り返しになりますが、毎日を無事に生きていることは、それだけですごいことなのです。

　テレビのニュースによると、今、日本で起きている殺人事件の半数は、家族や親族間で起きているものだそうです。その大きな原因は、心のより所である家庭環境の崩壊にあるとか。全部ではないでしょうが、そういう傾向が見られることは本当に悲しいことです。

また自殺者が、ここ十数年、毎年三万人を超え、自殺未遂者は、少なくともその十倍はいると言われています。このことから考えると、自殺を考えている人は身近にいるはずで、もはや自殺の問題は他人事ではないということです。

命がなければ、勉強なんかできません。算数も国語も必要なくなるのです。命があるから勉強が必要になり役に立つのです。

先が見えない今の時代、不安はいっぱいありますが、生きていれば何かができて、辛くても乗り越えられるはずです。将来大人になる子どもたちに、命の大切さをぜひ教えてほしいと思います。

命の大切さについては、どの教科でも、道徳でも教えられます。また、普段の子どもたちの生活の中でも、命について考えられる場面はたくさんあります。うまく機会をとらえて、子どもたちに命の大切さについて考えさせ、自分の命も他人の命も動物や植物の命も大切にできる子にしてほしいと願ってやみません。

う

☆☆☆☆☆☆☆☆

嬉しいことばはやる気を育てる

三年生を担任していたとき、家族からかけられることばについて、「嬉しくなることば」を聞いてみたところ、次のような結果が出ました。

一位　すごいね
二位　がんばったね
三位　ありがとう
四位　えらいね
五位　お帰り
　　　よくできたね

見て分かるように、毎日、子どもなりに一所懸命頑張って生活しているので、お家《うち》の方に認めてもらいたいのです。このことは、先生に対しても同じだと思います。教師をしていると、子どもたちの頑張りは、日々目にします。

「先生、逆上がりできたよ」

と、喜んで教室に戻って来たら、

「すごいね。毎日練習頑張ったからよ」

と、自然にことばがでるといいですね。きっと、その子は、次のことをまた頑張ると思います。

う

☆☆☆☆☆☆☆☆

嬉しい子どもの反応は授業の成果

私がまだ二十代の頃、勤めていた区の小・中教育研究会（私の所属は社会科部）に参加すると、必ず、先輩の先生方が、

「せっかく来てくれたのだから、若い髙橋さんには、お土産《みやげ》をあげないといけないいな」

と、おっしゃって、私にとってためになる話を必ずひとつ、みなさんでしてくれました。

あるとき、私が、

「なかなか満足いく授業ができなくて……」

と言うと、

「そんなの僕だってできないよ」

と、A先生。すると、他の先生が、

「教師生活の中で、心からこの授業はすごくよかったと思える授業なんて、一、二回あればすごいことだよ」

「それだけ、授業は奥が深いんだよ」

と続けました。

「そういえば、この間、授業が終わったとき、ある子に、『今の授業、とてもためになりました。ありがとうございました』とお礼を言われたよ。でも、こんなことまれなんだよ」

「そうそう、本当に滅多にないよ。まあ、大事なことは、教材研究をしっかりやって、ねらいを落とさずに授業をすること。そうすれば大丈夫だから、頑張りな」

と言われました。

私は、このとき、心から自分が満足できる授業や、子どもが『ありがとう』と言ってくれるような授業は、自分が頑張っていてもなかなかできないことを知りました。でも、いつかは、そんな経験ができるようになりたいと思いました。ですから、ひたすら、教材研究を行い、子どもたちに分かる授業を心がけるようにしました。

その結果、『この授業やってよかったな』と思えるような嬉しい子どもの反応を見ることができました。一つ紹介します。


六年生の社会の授業で、大正時代の学習をしていたときのことです。研究授業ではなく、日常の普通の授業でした。

「議会政治と国民の権利をめざして」という小単元で、第一次世界大戦（一九一四～一九一八年）後、国内産業不振によって国民生活が苦しくなるが、米騒動をきっかけに、国民の権利を求める運動が広がり普通選挙制度が実施されたことを理解させるというねらいがありました。

この小単元は、

①米騒動と成金（二時間）
②第一次世界大戦と工業の発達（一時間）
③労働運動や農民運動の高まり（一時間）
④普通選挙運動の高まり（一時間）

という進め方で、その日は④を行いました。前の時間に学習した国民運動の高まりに加え、群衆を前に普通選挙要求の演説をする尾崎行雄の写真などを資料に、選挙権を手にするまでどれだけ多くの人が頑張ってきたかを学習しました。そして、授業の最後に、私は、

「でも、まだこのときは、女性に選挙権はありませんでした。女性が選挙権を手にしたのは戦後です。誰でも大人になったら選挙ができるという、今なら当たり前のことが、当時の多くの人によって実現されたと思うと、私たちの一票は大事だと思いませんか。でも現実は、投票率

はすごく低いです。五十パーセントを切ることもあります。みなさんは今、十二歳。何もしなくても、あと八年で二十歳になり、選挙権がもらえます。でもその大切な一票を無駄にしない大人になってほしいと思います。そう考えると、これから大人になるまでの八年間をどう過ごしたらよいか、何をしたらよいか、おのずと考えられると思います。誰に投票したらよいか、自分で考えて、投票できる人になってくださいね」

と言って終わりました。すると、教卓を片づけている私の所に、数人の女子がとんできました。そして、

「先生、いい授業をしてくださってありがとうございます。絶対、大人になったら選挙権無駄にしません」

と言いました。私はとても嬉しくなりました。授業で学んだことが、その子の生活に生きてこそ本当の学習だと思っている私は、この授業をしてよかったなと思いました。

え
☆☆☆☆☆☆☆

演技力を磨こう

教師はよく俳優になれと言われます。感情的な行動ではなく、意図した教育を行うには、時には臨場感に満ちた演技も必要だからです。それによって、子どもたちが、より興味をもって学習に取り組んだり、本音を語り出したりするようになります。

一年生を担任したときのことです。入学したての四月に、学校めぐりという授業がありました。校舎内や校庭にどんなものがあるのかを知り、学校に慣れるようにするためのものです。校舎内の学習のときは、グループごとに二年生に連れて行ってもらい、特別な教室や校長室では短時間過ごしてくる活動をとりましたが、校庭の学習のときは、学年合同で回ることにしました。当時、新任の先生と組んでいましたので、私が主（T1）のチーム・ティチングです。私は、子どもが全員集まったところで、両手を上に挙げ、

「へーんしん！」

と言いながら一回転し、

「私、髙橋ガイドです。これからみなさんを○○小学校の校庭にご案内いたします。いろいろな場所にお連れいたしますので、よーく見てきてくださいね。分からないことがありましたら、何なりと、この髙橋ガイドにお聞きくださいませ。それでは出発いたしまーす」

と言って学習に入りました。新任の先生は私の変身に一瞬驚いた顔をしていましたが、子どもたちは、旅行に来ているかのように楽しそうに髙橋ガイドの後をついて来て、遊具や花壇、飼育小屋などを一つ一つ確認していました。そして、質問があると、

「ガイドさん、どうして○○なのですか」

等、聞いていました。

ガイドに徹していた私は、授業終了時に一回転して、元の髙橋先生に戻りました。


教師の演技力は、他にも活躍の場がいろいろあります。

道徳で、子どもの本音を引き出すために、役割演技をさせることがありますが、子ども同士でさせるより、教師が一つの役を演じる方がうまくいきます。でも、恥ずかしがって表面的な演技をしていては、なかなか本音を引き出せません。そのときは、役になり切ることが大切です。

また、授業の中で、Aの考えが正しいかBの考えが正しいか見極める場面にぶつかることがあります。そんなとき、教師はそれを検証できるものを予め用意しておきますが、それは、あくまでも子どもが、それを使ってやってみようと言い出すまでは、安易に出すわけにはいきません。

私が、大勢の人が関わって作っている給食を残すともったいないということに気づかせる授業をしたときのことです。給食調理場で実際に使っている大きなお玉と木べらを見せたところ、

「わあ、そんな大きなものを使って作っているの？　重たそう」

「作るのが大変そう」

という意見が出ましたが、反対に、

「大人が作っているんだし、そんなの簡単だよ」

という意見も出ました。そこで、私は、

「大変だという子もいるし、そんなの簡単だという子もいるし、本当はどっちなんだろう。先生も分からなくなっちゃった。困ったなあ」

と、腕組みをしながら、心から困っている気持ちを表現しました。すると、子どもたちから、

「先生、実際にやって確かめてみれば分かると思います」

という声があがりました。このことばを聞いて、

「じゃあ、やってみましょうね」

と、言ってから、用意しておいた大きなお鍋（作りもの）を出してきて、検証させました。どの子も、大変かそうでないかを確かめるという目的があるので、それを知るために意欲的に活動していました。


学芸会の演技指導だけでなく、いろいろな場面で使える教師自身の演技力を磨くことも大切だと思います。

お

☆☆☆☆☆☆☆☆

親からのSOS対応こそ、あわてずに

これは高学年を担任していたときのことです。ある日の放課後、お母さんが見えて、

「先生、二週間くらい前から家《うち》の子の様子がおかしくて、食事をあまり食べなくなってしまったのです。理由を聞いても言いたがらず、そうこうしているうちに円形脱毛症になってしまいました。今は上から髪の毛でかくしてピンで留めているので分からないと思いますが、実はそうなんです。あまりにも心配で理由を問いただしたところ、クラスの女の子四人に無視されているって。何で怒っているか分からないので、『謝るから理由を教えて』と聞いたそうですが、『理由が分からない人に謝ってもらっても意味がない』と断られ、どうすることもできず毎日悩み続けているんです。子どもも限界で、先生にご相談しようと思い、今日来たというわけなんです」

と話されました。私はびっくりしました。学校では普通に給食も食べていたし、ピンで留めてあるせいもあって、円形脱毛症にも全く気づかなかったからです。

「そうだったのですか。気づかないですみませんでした」

私が言うと、お母さんは、

「先生、すぐに解決してください」

と、苦しい胸の内を訴えました。でも私は、

「お母さんの気持ちはよく分かりますが、すぐ解決するとなると、今日お母さんがいらしたことを話すことになり、かえってお嬢さんの立場が悪くなってしまうので、私が見つけたという形で指導をしたいので少し時間をいただけませんか」

と、お願いしました。

次の日、私は休み時間も教室に残り、四人の様子やその子との関わり方を観察していました。すると一人の子が明らかに無視している素振りを見せたのです。私はすぐその子の所へ行き、聞きました。

「今の態度が気になったのだけど、何かあったの？」

するとその子は、

「私だけじゃないもの」

と言い出したので、私は、

「じゃあ、全員呼んでいらっしゃい。お話を聞きたいから」

と言い、四人を集めました。そこで理由を聞くと、一人の子が、

「私の顔を見てすぐ笑うから、それをやめてと何回も言ったのに、また朝会後昇降口の所で笑ったから許せなかったの」

　すると、別な子が、

「えっ、あのときのこと？　あれは私とおかしな話をしていて笑っていたんだよ。そのことで無視しようって言ったの？　それは誤解だよ」

と言い出しました。四人は、自分たちがひどいことをしてしまったとすごく反省し、

「先生、どうしよう。謝りたいよ」

と言うので、被害者の子をみんなの所に呼びました。

「ごめんね。私たちが勘違いしていて……」

「もういいよ。分かってもらえるのなら」

ということで、無事に解決しました。私は、

「お母さんが来たことは、みんな知らないから大丈夫よ。仲直りできてよかったね」

と、そっとその子に言いました。その子は、にっこりして本当にほっとした顔をしていました。

　この件は、たまたま次の日に解決しましたが、全てがすぐ解決できるものでもありません。

高学年なので少し時間がかかっても自然な形で先生が見つけるようにした方が、あとあと問題を引きずらないですむと思っています。早く解決しなくては……と、あせりたくなりますが、こういうときこそ、あわてないで対処したいものです。

か

☆☆☆☆☆☆☆☆

感じる心・考える力を育てよう

〈感じる心について〉

私は、よく子どもたちに、

「人間は、感じることのできる動物だから、いろいろなことに無関心でいてはだめなのよ。感じる心をもちましょう」

と話しました。そして、授業のいろいろな場面で、感想を言わせたり書かせたりしました。

最初は、『おもしろかった』とか『特にありません』などとしか書けなかった子どもたちも、「何が、おもしろかったの?」と朱書きでコメントを書いて返すと、次のときには、『○○が、おもしろかった』というように、少し具体的になってきます。私は、さらに、「○○のどういう点がおもしろかったのか、詳しく書いてくれると嬉しいです」とコメントを返します。すると、ほとんどの子どもは、『○○の△△したところがおもしろかったです』と、より具体的な感想が書けるようになってきます。

また、この指導に並行して、みんなにも聞かせてあげたい感想を見つけたら、クラス全員の前で読んだり、学級通信に載せ、その感想のどういう点がよかったかを解説した文を一緒に載せたりしました。何でもそうですが、しょっちゅう繰り返していくとレベルアップするもので、あまり書けなかった子どもたちも、一年経つ頃には、原稿用紙で半分以上は軽く書けるようになるものです。

子どもたちの感想文は、私の授業の成果も表すので、自分の評価にもなっています。ここまで分かってもらえたと嬉しくなることもあれば、今ひとつ理解してもらえなかったことを知り、次の授業の組み立て方をやり直すことになる場合もあります。

感想を言わせたり書かせたりする場を設定することは、子どもたちにとっても、教師にとっても必要なことです。

〈考える力について〉

私は、教師十年目ぐらいのとき、子どもたちが、頭ではすごくよいことに気づいたり考えたりするのに、実際の行動では、それをしていないことが多いのに気がつきました。

口で言うのは簡単ですが、行うのは難しいということです。ですから、それ以降は、四年生以上の担任になると、必ず学級目標に、『何事も自分の頭でしっかり考えて行動しよう』という内容のものを掲げるようにしました。学級目標ですから、何かあると、そこに返り、今のことはよかったのか考えるのです。例えば廊下を大勢で走り、低学年の子にぶつかって、転ばせてしまったとしましょう。まず、関係者全員を呼んで話を聞きます。

「どうして走ったのですか？」

「早く校庭に出て遊びたかったからです」

と、A君。

「僕も、A君と同じです」

と、B君。中には、

「みんなが走っていたから……」

と、C君のような答えも返ってきます。

「みんなが早く校庭に出たい気持ちは分かるけど、本当はどうしたらよかったのかな？」

と、気持ちを認めた上で質問すると、全員が、

「廊下だから走ってはいけなかったと思います」

と、答えます。頭で分かっているからです。でも、今日は走ってしまったのです。ですから、私は、ここで学級目標を振り返らせ考えさせます。

「みんなのクラスでは、『何事も自分の頭でしっかり考えて行動しよう』というのがあります

よね。今日のみんなは、自分の頭でしっかり考えましたか？　どうですか？」

「僕は、自分が早く遊びたいということが先にあって、他の人が廊下を歩いているということまで考えていませんでした」

「僕も、みんなが走り出したから、つられて走ってしまい、何も考えていませんでした」

という具合に、自分の行動を分析します。その上で、

「じゃあ、これからは、もう少し、自分の頭でしっかり考えて行動できそうですか？」

と聞くと、今度は納得した顔で、

「はい」

と、答えてくれます。


こういうことは、一回指導したからといってすぐできるものではありません。何かある度に、何度も何度も繰り返すことで身についていくものだと思います。だからこそ、日頃から、自分の頭を本当に使って考えているか、意識させることが大切なのだと思います。

死んだら頭は使えません。生きているときに自分の頭で自分のことをしっかり考えられる子、そして行動できる子になってほしいです。

き

☆☆☆☆☆☆☆

教室の三要素を十分生かそう

「教室は、道場であり、サロンであり、ホームである」

と、ある校長先生から教わりました。

道場とは、鍛える場ということですから、学習活動を通し、知識を定着させたり考える力をつけたりするところという意味です。

サロンとは、交流する場ということです。友達同士が意見交流したり、遊びを通して仲よくなったり、お互いが交流を通して関係を深めていく所という意味です。

ホームとは、もちろん家庭ということです。親が愛情をもって、子どもに接し、ほめたり怒ったりしながら人間として大切なことを教え育てる所という意味です。また、子どもがほっとできる場所という意味もあります。

学校は、学習指導中心の塾とは違い、全人教育をする所です。この三つの要素を十分生かして、頭だけでなく心身共にすこやかな子どもを育てていきたいものです。

き
☆☆☆☆☆☆☆
教室は間違えてもよい所

低学年の子どもたちは、心の発達がまだ十分でないため、自分が分かることを友達が間違えると、平気で、

「そんなことも分からないの」

と言うことがあります。言われた子は恥ずかしさのため萎縮してしまいます。そんなとき、私は、

「みんなは分からないことがたくさんあるから学校に来ているのでしょ。だから間違えても大丈夫。ちゃんと教えてあげるから心配しないでね。わざと間違えるのはだめだけれど教室は間違えてもよい所だから」

と言って、教室の前の黒板の上辺りに『きょうしつはまちがえてもよいところ』と書いた掲示物を貼りました。この指導をすると、間違いを恐れずに発表する子が増え、教室の雰囲気もよくなりました。

き

☆☆☆☆☆☆☆

教師は授業で勝負！

このことばは、ある校長先生に言われたことばです。その校長先生は、次のように説明してくださいました。

「学校での子どもたちの生活時程を見てご覧なさい。ほとんどが授業時間です。休み時間に一緒に遊んであげるのもいいでしょう。給食や掃除の時間、一緒に過ごして指導することも大事なことです。でも、やはり教師は、授業を通して、一人一人の子どもたちの知識を増やし、思考力・判断力を高め、確かな学力を身につけさせ、心身共に成長させていくことが大事なのです。残念ながら、休み時間に一緒に遊んでいるだけでは、それは身につきません。もちろん授業に関しても、行き当たりばったりの授業をしていては、身につくものではありません。では、どうしたらよいか。それは日々の授業において、教材研究をしっかり行うことです。教材研究を十分して臨んだ授業と、そうでない授業とでは大きな差が出ます。それが日々積み重なり、一年後、子どもたちは大きく成長することになるのです。先生自身も日々の授業を通し、力量が高まっていきます。教師は授業で勝負というのは、こういうことです」

この話を聞き、教師として一番大事なことだと思いました。確かに時間が無限にあるわけではないので、日々の教材研究は大変です。でも、自分なりにできる範囲で頑張れば、それなりの評価がついてきます。


四年生の担任をしたときのことです。五月の家庭訪問の際、あるお母さんに、こう言われました。

「先生、四年生になったら、子どもが家に帰って来るなり、授業の話をするようになったんですよ。今までは、夕食のときに休み時間の話をするくらいだったのに……。『ねえねえ、お母さん、○○って知っている？　今日、○○を習ったんだよ』とか『今日の授業は○○で楽しかったんだよ』とか、得意気になって私にいろいろ教えてくれるんです。私はそれを聞いて、子どもが学校でしっかり勉強しているのが分かり、ほっとしているんですよ」

子どもは正直です。自分の知識が増え、いろいろ分かるようになり勉強が楽しくなったのでしょう。日々の授業に力を入れていた私にとって、このお母さんのことばは大変励みになりました。

子どもたちが、授業で学ぶことを通して成長できるよう、日々の教材研究を大切にしたいものです。教師は授業で勝負です。

く　工夫のできる子に育てよう

☆☆☆☆☆☆☆

「最近の新入社員は、言われたこと（指示されたこと）は、完璧にこなすが、計画立案から実施、評価までの全ての仕事を白紙の状態で渡すと、どうしてよいか分からない。学校で、いったい何を習ってきたのか」

ということを、ずい分前から耳にするようになりました。

決して、学校で何も教えていないわけではありませんが、知識・理解に重きを置き過ぎると、社会に出てすぐ使える実践力は、なかなか育たないかもしれません。

私は、子どもたちが自分なりに工夫して、何かをしようとすることは、将来大人になったときにも使える大事な力と考え、いろいろな場面で育ててきました。その中から二つの例を紹介します。

〈余った時間の使い方を工夫できる〉

三年生の例です。

一斉に授業を受けている場合はいいのですが、各自が作業をするときやテストの時間には、個人差があるため、早く終わってしまう子が出てきます。余った時間をいかに有効に使うかを、その子自身に考えさせるのですが、一学期には、いろいろな方法を教えました。

①読書をする
②終わっていない別の課題をする
（算数ドリルや漢字ドリル、未完の作文等）
③自主学習をする（苦手な漢字の練習をするなど、その子が考えたもの）

など、自分の席で一人でできる学習で、他の子に迷惑がかからない静かなものです。そして、早く終わった子には、

「この後、あなたは何をするの？」

と、一人一人確かめてからやらせました。ですから考えつかない子には、ここで相談に乗れるわけです。

二学期になると、一段階進め、自分で優先順位を考えて決めたことは、いちいち確かめずにやらせるようにしました。

「あなたが真剣に考えたことなら、先生もきっと賛成できると思うから、何をするか決めたら報告しなくていいので、すぐ始めてね」

と、子どもを信じて任せると、遊ぶことなくその時間を有効に使うものです。

三学期は、一、二学期に積み上げてきたものがあるので、何も言わなくても、子どもたちは自主的に動きます。

「五分しかないから、〇〇をやろう」

など、時間を考えた動きも見られるようになりました。もちろん、この力は、上の学年になっても、大人になっても発揮できます。

〈学習のまとめ方を工夫できる〉

五年生の社会科の例です。

社会科の教科書にも、「新聞にまとめよう」などと例が出ていますが、子どもたちに、白い紙を渡し、載せる内容やレイアウトを考え、自由に表現させることは大事なことです。

私は、一学期は、新聞形式で、食糧生産（農業・水産業）のまとめをさせました。

図２

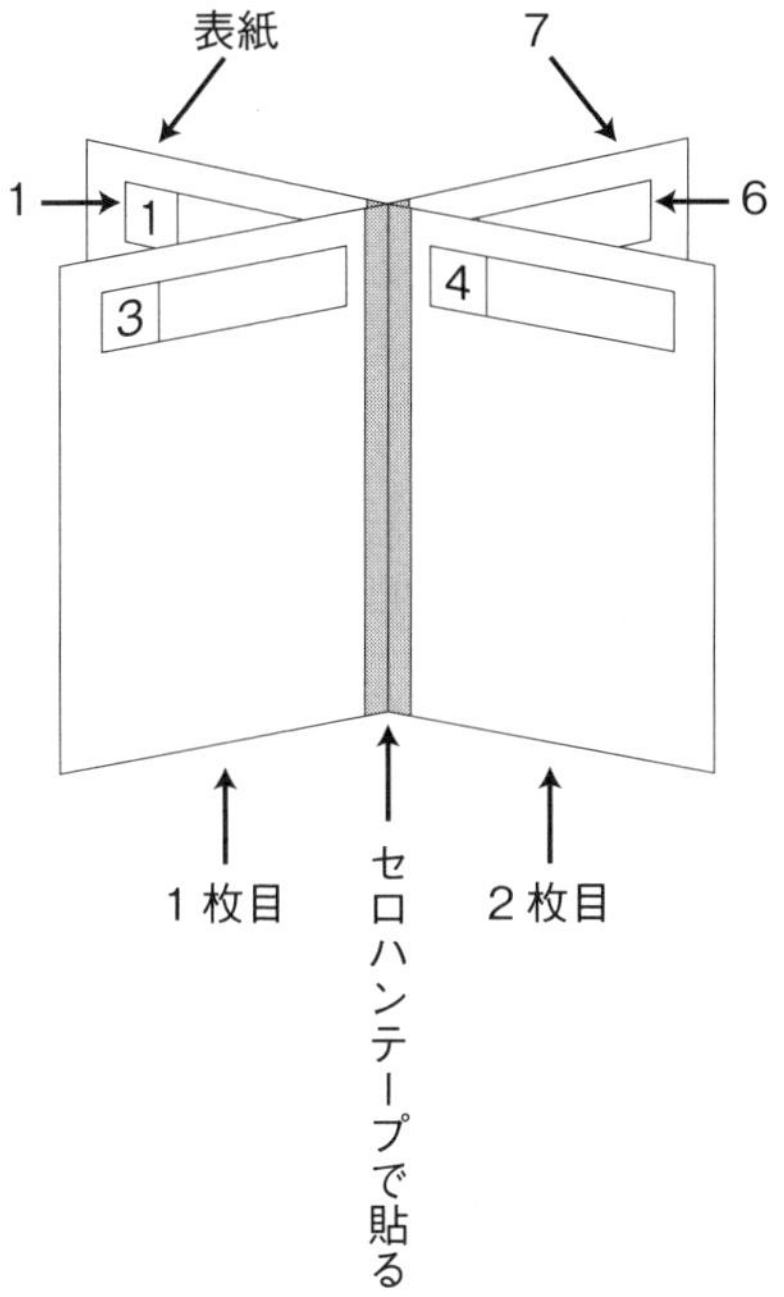

表紙と７の面も同じように
セロハンテープで２枚の画用紙を
つける

図１

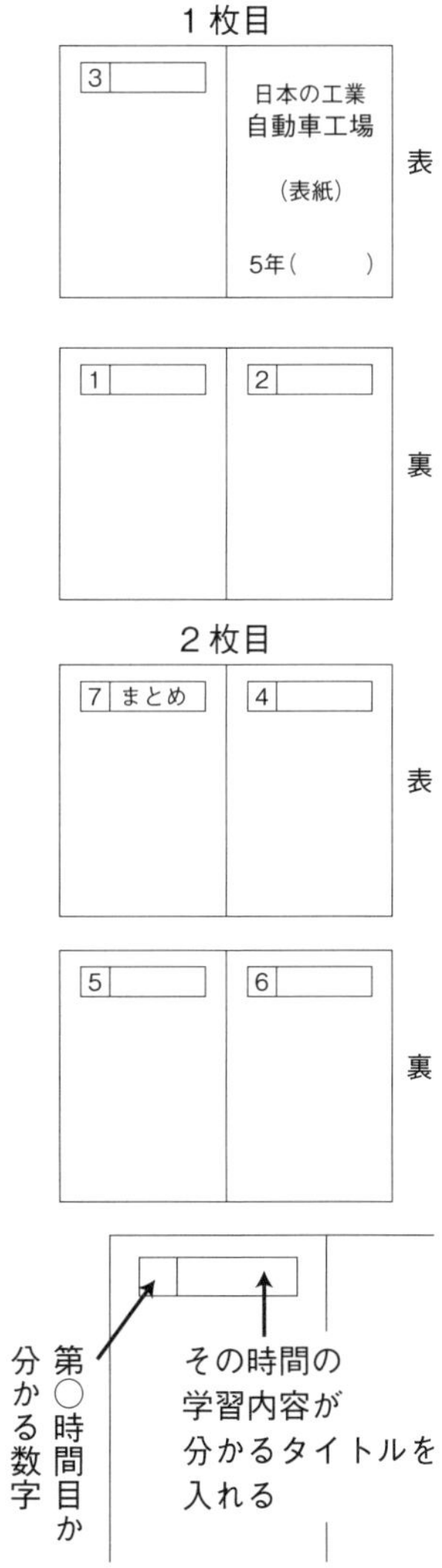

二学期になると、工業生産の学習をしますが、一時間ごとに一ページをまとめる方法をとり、小単元が終わるごとに一冊のパンフレットができるようにしました。

例えば七時間扱いのものなら、図1のように、二枚の画用紙両面に別々の印刷をします。そして、図2のように、二枚の画用紙の表面をそれぞれ山折りにして、わの部分をぴったりくっつけてセロハンテープで止めればでき上がります。

一時間ごとに一ページずつ学習したことが記録されていくので、第七時のまとめは、それらを見ながら全体のまとめができるので、子どもたちにとってはやりやすいようでした。各ページも、できるだけ白い状態にしておくと、絵を中心に描きたい場合にも、文を中心に書きたい場合にも対応できるのでいいと思います。

三学期には、今までの経験を生かして、子ども一人一人に任せる方法をとりました。子どもたちは、自分なりに考え、新聞形式でまとめる子あり、パンフレット形式でまとめる子ありといろいろでした。中には、自然や森林の内容だからと木の形のパンフレットにした子もいました。

以上、紹介したのは、授業の中で、工夫のできる子に育てる方法ですが、他にも、休み時間、掃除や給食の時間等でもできることはあると思います。いろいろな場面を使って、自ら工夫する子になれるといいですね。

大事なことは、まず先生がいろいろな方法を教えて、子どもたちにたくさんの引き出しを持たせることです。一つの方法しか知らなければ工夫のしようがないですから。また、先生が自ら工夫している姿を見せることも大切なことですね。

け

☆☆☆☆☆☆☆

掲示はもの言わぬ教育

子どもたちが落ち着いて学習できる一つの要素として、教室環境を整えることは大切です。でも、日々忙しい先生たちは、命を守るために危険な箇所を点検したり、学習に必要な物品の整理整頓をしたりすることはできても、なかなか掲示物にまで手が回らないのが実状のようです。

私は、掲示物はもの言わぬ教育と考え、日頃から大切にしてきました。教室の前面、側面、後面に分け、それぞれの要素を考え、いろいろな掲示をしてきました。

私が季節の掲示が大切だと考えるきっかけになったのは、自分の子どもたちが通った保育園の掲示です。保育園では、小さな子どもたちが安心できるような可愛い掲示（動物、花など）が、いたる所にあります。また、月ごとに季節を感じさせる掲示が貼り替えられています。

ある年の秋、掲示板全体が赤トンボが飛んでいる光景になっていました。赤トンボが立体的でしたので、何が使われているのか知りたくて、そばに行って見てみると、それは、なんと赤とうがらしでした。そのとき、こんな風に、季節感漂う中で生活できる子どもたちは幸せだなと思いました。

それからです。○○協会から来るようなポスターしか貼っていない学校が、とても殺風景に見え出した私は、自分の教室だけでなく学年掲示板にも、季節を感じる掲示を始めました。

一月にその年の干支にちなんだ目標かるたを貼ると、受けもちの学年の子どもたちはもちろん、他学年の子どもたちも結構見ていることを知りました。掲示を通して、伝えたいことは十分伝わると思った瞬間でした。

〈手作り掲示をこまめにやって分かったこと〉

○子どもたちは掲示物をよく見ている
○毎月、季節感漂う掲示物を貼り替えていると、次は何かなと楽しみにするようになる
○折り紙を使った掲示物で気に入ったものがあると、自分も作ってみたくなる
○教科を題材にした読み物掲示では、授業以外で子どもの知識が増え、それを友達同士で話題にすることもある
○折り紙や貼り絵などいろいろな手法を使った掲示をすると、特別活動（係活動、お楽しみ会の準備）や図工の時間に、それを真似した創意工夫のある作品を作る子が増える

○手作りの掲示物を大切にしている姿が見られる
○手作りの掲示物は、教室や廊下の環境を明るく、温かくする

〈失敗しない掲示のあれこれ〉

絵画や観察カード（生活科・理科など）を貼るときは、タイトルや説明をつけましょう。また、クラス全員分を貼る場合は、必ず全員分あるかどうか確認することが大切。欠席等でない場合はコーナーの角にでも、その旨を書いて貼っておくことを忘れずに。

教室の後面掲示板には、国語や社会などの一単元の学習が分かるような掲示をするといいです。一時間一時間、学習したことが書き足されていくので、授業の流れを確認することもできて便利です。ただ、今どこの学習をしているのか、今後はどのような予定なのかを明記しておかないと、一見、掲示途中のままと誤解されてしまうので注意が必要です。

掲示はもの言わぬ教育です。掲示物を通して子どもたちに伝える方法も、ぜひ取り入れてほしいと思います。

こ

☆☆☆☆☆☆☆☆

ことばかけを大事にしよう

学校生活の中で、教師は子どものいろいろな姿を見ます。何かで失敗したり、友達とけんかをしたりして泣いている姿、友達にいやなことを言われて気にしている姿、何かの目標に向かって頑張っている姿等々。それぞれ状況が違うので、当然かけることばも違いますが、教師の一言は、時には子どもを元気にしたり、時には意欲を高めたりと結構力を発揮するものです。

私がしてきたことばかけの中からいくつか紹介します。

〈泣いている子には〉

まず、そっと近づいていき、

「どうしたの?」

と、優しく声をかけます。それで泣き止んで理由を話し始めたら、そのまま聞いてあげます

が、泣きじゃくって話ができないときには、

「落ち着くまで少し待とうね。涙が止まったらお話聞いてあげるから大丈夫よ」

と、安心するようなことばをかけます。

ものを落としてこわしたために泣いているような場合は、けががないか安全を確認してから、ただ泣いていても物事は解決しないということが分かるように、

「泣いたら魔法が使えて、こわれたものがきれいに元に戻るかな?」

と、優しく聞きます。するとほとんどの子は泣きながら首を横に振ります。

「泣いても魔法が使えないのなら、どうしたらいいのかな」

と聞く頃には、涙もおさまり、

「自分で片づけます」

と答えます。

「じゃあ、先生も一緒に手伝うね」

と言って、片づけ出す頃には、ほとんどの子はすっかり泣き止みます。形あるものはいずれこわれるから、わざとでなければ心配することがない点と落とした際にけがをしなくてよかった点について確認すれば終了です。

〈気にしている子には〉

友達にいやなことを言われて、すぐ気にする子には、気にしない方法を教えました。

「先生、A君が私のことを△△っていうの」

「そう。自分が言われていると思うから気になるけど、その人のことを言っていると思えば気にならないものよ。題してあべこべ作戦！」

「本当かなあ？」

「だって、あべこべ作戦では、A君が△△ということになるんですもの」

それ以後、その子はA君が△△という度に発想の転換をして気にしなくなり、A君もいつの間にか言わなくなりました。

また子どもたちは、小さなことでも気になります。髪の毛を短く切ってかっこよくなったのに、友達に何か言われるのがいやで、教室で帽子をかぶったままの子もいましたが、無理に帽子をとらせず、

「先生は、かっこいいなあと思ったから、みんなに見せてあげればいいと思うけれど、どうしてもいやだったらかぶっていてもいいですよ」

と話すと、まわりの子どもたちが、

「おかしくないよ」

「似合っているじゃない」

と言い出し、いつの間にか帽子をとっていたということもありました。

日頃から子どもたちの様子をよく見て、状況にあったことばかけができるといいですね。

さ

☆☆☆☆☆☆☆

逆さの発想は意欲・関心を高める

今まで正しいと考えていたことが実は誤りで、なおかつ正反対のことが正しいと知らされたら、大人でも、

「えっ！　どうして？」

と思うものです。子どもたちにとっては、なおさらその思いは強く、この発想を取り入れた授業をすると、大きな驚きと共に、その理由が知りたくなり追究心が高まります。

一例を紹介しましょう。

五年生の食糧生産の単元の『稲作』で私が行ったものです。

最初に米の生産高を調べました（教科書や社会科資料集にグラフが載っているので、それを使用）。すると、北海道、東北、中部、関東といった地方に多いことが分かりました。白地図作業をすれば、日本の北の地方だということが一目瞭然です。この事実をしっかり押さえた後

で、

「実は稲はもともと熱帯地方の植物なのです」

と子どもたちに伝えました。すると、

「えっ！　変じゃない？」

「なぜ日本では寒い地方で多くとれるの？」

「南の地方で米がたくさんできるはずなのに南の地方の米作りはどうなっているの？」

等々、いろいろな疑問が出されました。

そこで、子どもたちから出された疑問について調べることにしました。学級全体で一つ一つ調べていく方法もありますが、せっかく調べたいという意欲が高まっていたので、一人一人が疑問に思ったことについて調べる方法をとりました。

北の地方に多い理由を調べたA子は、品種改良をしたのではという仮説を立ててから調べました。予想通り、長い年月をかけて品種改良をしていました。

南の地方が少ない理由を調べたB男は、沖縄の米作りについて徹底的に調べました。その結果、台風が多いのに稲作に必要な水がたくわえられない地形（川が短くすぐ海に流れてしまう）であることや地質（石灰岩土壌や赤黄色土）が稲作に向いていないことが分かりました。

全員の調べ学習が終わった後で、最初に出された疑問について、一つ一つ解決するための発表会を行いました。子どもたちは、自分が調べたことについては、堂々と発表し、自分が調べなかった疑問については、友達の発表を聞きながらメモをとり、理解を深めていました。

「どうしてだろう」という思いが強ければ強いほど、学習に対する追究心が深まり、学習が終わるまでそれが持続する様子を見ることができました。

一つの手法として他教科においても有効に使えるといいですね。

し

☆☆☆☆☆☆☆

実態把握は大事なポイント

〈授業において〉

研究授業を行うときに書く指導案には、必ずその授業に関しての「児童の実態」の項目があります。ですから教師は、その授業をする前に、よりよい方法で児童の実態を調べます。でも、もし実態調査をしないまま授業を行うとしたらどうなるのでしょうか。

極端な話、「今日の授業は、みんな、すでに知っていることをまた教える形になってしまった」とか、「全く知らないことばかりだったのに、ある程度知っていると思い込み、用意した資料が不十分だったため十分理解させることができなかった」「あの子が知っていたのなら、あのとき説明させればよかった」等々、反省ばかりの研究授業になりかねません。ですから研究授業のみならず、普段の授業を行うときも、新しい単元に入る前に実態を知ることは大事なことです。

実態調査の内容は、教える前の段階で、これから教える内容を「どの子がどれくらい知っているか」「どの子がどの程度興味をもっているか」等が分かるものだと思います。それを授業者が把握することによって、そのクラスに合った授業展開を考えていくことができるからです。

例えば、六年生の社会『平安時代の貴族のくらし』を行う場合だとしましょう。まず挙げられる項目は、この学習でどの子にも習得させたい内容（人物・物・建物・ことば・出来事等）です。これらについて知っていることをできるだけ書いてもらうとよいでしょう。知らない子には、これから学習する内容なので知らなくても恥ずかしいことではないので、「知りません」と正直に書いてもらう方がいいのです。

次に必要な項目は、この学習で知りたいと思っていることです。知りたいことがあったら、それはどんなことで、どうして知りたいのか理由も書いてもらうといいです。この項目では、学習前の意欲も読み取れるので、学習中に高めてあげたいものです。

学習内容をすでに知っている児童には、具体的に記述させておくと、授業中、いいときにその子に発表してもらったり説明してもらったりできます。またその子自身も授業中に活躍することで、みんなの役に立ったという達成感を味わえ、学習意欲が高まります。

こういうことは、事前に児童の実態を知っているからこそできるのです。

〈生活面において〉

学校全般の生活面においても、実態把握が必要だと思います。クラスがうまくいっているときはよいのですが、子どもたちの生活態度が乱れてきたり、不満を言うことが多くなってきたりしたときは必要だと思います。子どもたちが何を考えていてそういう態度になるか、実態を把握しないで乱れた行動を表面的に見て注意ばかりしても、子どもたちの不満はつのる一方です。なかなか解決しないどころかひどい場合は学級崩壊になりかねません。私も、うまくいかないことがありましたが、今振り返ってみると、子どもたちの気持ちを十分聞けていたかという点でひっかかります。たとえ、教師の方が正論であっても、子どもは理論ばかりでは理解してくれません。感情で納得できないものは、やはり態度に出て当然だと思います。

項目を設定して書かせる形式でも、自由記述でも、一人一人との交換日記形式でもいいと思います。そのクラスに合った形式で日頃から子どもの気持ちの実態を把握することをお勧めします。そして、もし、改善面が見つかったら、個人的なことならその子と話し合い、クラス全体のことだったら学級活動の時間を使ってみんなが納得する話し合いをして解決策を見つけるといいでしょう。

実態把握は大事なポイントです。

す

☆☆☆☆☆☆☆☆

素晴らしい子どもの行動を見つけ広めよう

三年生を担任していたときのことです。ある日、となりの二年生の教室で飼っていたハムスターが逃げ出し、私の教室の前の男子トイレに入り込みました。ちょうど休み時間だったため、何人かの男子がトイレの中にいたのです。そのとき、ハムスターが便器の中に落ちたのでしょう。A君があわてて、

「先生大変、ハムスターが便器の水の中に落ちちゃった。助けないと死んじゃうよー」

と、知らせに来ました。私は、とっさに、

「ビニール、ビニール……」

と、言いながら机の引き出しからビニールを取り出し、右手にはめながらトイレにかけつけました。すると入り口の所でB君が、

「先生、もう大丈夫。C君が手でハムスターを取り上げてくれたから」

と、言うではありませんか。目の前にはハムスターを助け、手に乗せているC君がいました。

C君は、その後かけつけてきた二年生の先生に、ハムスターを渡しました。

C君は、便器の水の中に落ちたハムスターを見て、早く助けないと死んでしまうと思ったのでしょう。素手で便器の中のハムスターを取り出しました。一秒でも遅くなれば水死してしまうのに、ビニールを探してから行った私は恥ずかしくなりました。

私はC君に、

「ハムスターを助けてくれてありがとう。先生はビニールを探していた分遅くなってしまったね。手なんか後で洗えばきれいになるのにね。自分の手が汚れることより、ハムスターの命を救うことを一番に考えてくれたC君の行動は本当に素晴らしいと思います」

と、話しました。

休み時間が終わり、クラス全員が教室に戻ってきた時点で、私はこの出来事を改めて話し、みんなの前でC君の行動をほめました。ともすると、便器の中に手を入れたということで、C君の手は汚いということになりかねません。そこで、私は、手は洗えばきれいになるのにビニールを探して遅くなったことを恥ずかしく思ったことも付け加えました。子どもたちは、自分ではなかなかできないことをC君はしてくれたという気持ちもあり、みんながC君をほめていました。ある子は、後日転入してきた子に、

「ぼくのクラスにはC君という英雄がいるんだよ」

と、そのときの話を自慢げにしていました（もちろんC君が助けたハムスターは元気になりました）。

一年生が校庭の真ん中で見つけた画鋲を危いからと拾って持って来てくれたり、六年生が、けがをした低学年の子を優しく保健室に連れて来てくれたり、学校生活のあちらこちらで、子どもたちの素晴らしい行動を目にします。そういう行動を見つけたときは、ぜひクラスの子どもたちに伝え、どういう点が素晴らしいのか話してあげてください。きっと、学級や学校によい行いが広まり、普通によいことをする子が増えることでしょう。

〈花さき山コーナー〉

村の人がよいことをすると、花さき山の花が一つ咲くというお話があります。よく四年生の道徳で使われます。一つの例ですが、学級や学年全体で、花さき山コーナーを作り、誰かが何かよいことをしたら、名前と内容を花に書き、貼ってあげるようにしてもいいと思います。日頃からよい行いを認め合える環境を整えられるといいですね。

せ

☆☆☆☆☆☆☆☆

先輩の動きを見て学ぼう

日本の伝統工芸について五年生で学習させたとき（今は四年生で自分の住んでいる都道府県の伝統工芸を扱うようになっています）、私は、教科書に載っていない益子焼を取り上げたので、現地に取材に行きました。伺った窯元さんは、魔法の手を持っているかのように、あっという間に湯飲み茶碗、灰皿、とっくり、急須をろくろで作ってくれました。急須においては、本体の部分だけでなく、口、柄、ふたまでもろくろで成形し、なんとそのふたはぴったり本体に収まり、見ていた私は思わず声をあげてしまいました。そんな熟練した窯元さんにも最初があり、中学を卒業した後、わざわざ瀬戸（愛知県）へ行き、焼き物づくりの基本を二年半かけて修業をしてきたとのことでした。益子にいたのでは知り合いが多くて甘えが出るので、誰も助けてくれない厳しい条件を選んだそうですが、それだけ技術を正しく身につけられたと話してくれました。修業といっても、先輩が手取り足取り教えてくれるのではなく、先輩がすることをじっと見て技術を学びとるのだそうです。

それに比べて教師の場合は、授業に関することだけでなく、個々の子どもへの対応、保護者との関わり方についても詳しく教えてもらえる状況にあるので、辛さの点では窯元さんとは比べものにならないくらい、恵まれていると思います。ただ、その状況に甘んじることなく、常に先輩の動きを見て学ぶ姿勢も大切です。百パーセント伝授するのは不可能だからです。

私が大学四年生のときのことです。ある公立小学校に三週間教育実習に行きました。実習が始まって三日間ほど、私が配属された学年の一人の先生は忌引でお休みされていました。忌引が終わり、その先生が出勤された日の朝会時にされた挨拶《あいさつ》で、私にとって勉強になることがいくつもありました。

①全ての連絡事項がすんだ後に行ったこと（公的なことと私的なことを分けている）

②自分の席ではなく、職員全員に顔を見せられる場所に動いたこと（上図参照。連絡事項ならば自分の席で言う

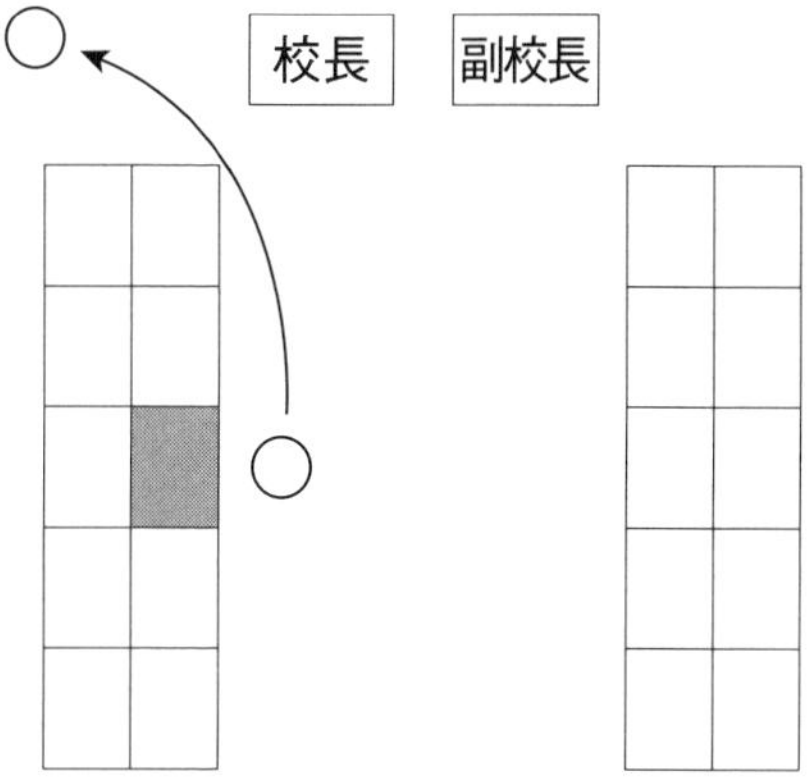

が、ご挨拶なので、お尻を向けている方向の方に失礼になるから）
③挨拶は長すぎず、しかし要点はしっかり伝えていたこと（亡くなった人の様子、忌引中の学校に対するおわびやお礼等）

二、三分の出来事でしたが、実習生の私には衝撃的で、挨拶の仕方を一つ覚えました。こういうことは、誰も教えてくれませんが、私は先輩の動きを見て学びました。忌引後の挨拶ではなくても、これに匹敵する挨拶の場面はたくさんあるので、すごく役立ちました。

学校の中では、職員全員で指導する場がたくさんあります。運動会・避難訓練などの行事、全校朝会や集会など。自分の立場とは違う立場の先輩がどのような動きをしているか見て学ぶことは、自分の財産になります。

そ

☆☆☆☆☆☆☆

損得は子どもにとって大問題

子どもは、いつも自分が有利でありたいとか得したいと考えがちなので、その心理をうまく使うとものごとをしっかり考えるようになります。

この手法を使った三年生の算数の授業を紹介します。

「円」の学習の第一時です。算数ですが、体育館で行いました。

まず、図のように八班（チーム）の子どもたちを長方形のまわりに座らせました。

そして、

「これからみんなで的当てゲームをします。中央が的です。自分たちの位置から紅白玉を的に当ててください。たくさん当てた班が勝ちです。では始めましょう」

と言うと、思った通り不満そうな顔をして誰も始めようとしません。④⑧の子どもたちはどことなく嬉しそうにしていますが、他の子の気持ちが分かるのでしょう。動きません。すると、

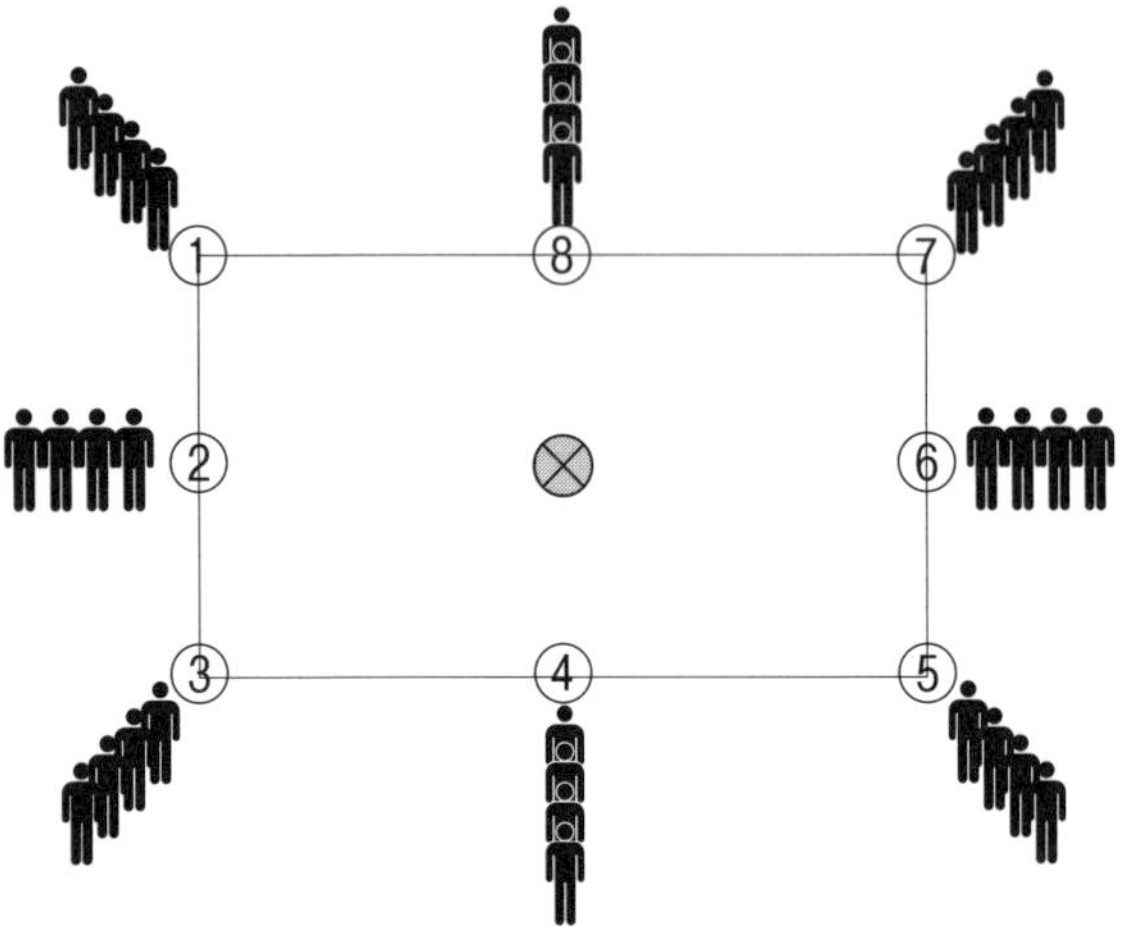

④⑧以外の子どもたちから、
「先生、ぼくのチームは④⑧より遠いから不利です」

「みんな的から同じ長さでなければ不平等だと思います」

と、損得感情がむき出しになりました。そこで私は、

「分かりました。みんなの意見はもっともです。それではどんな形が、みんなにとって平等な形になるのか考えてみてください」

と言いました。子どもたちのシンキングタイムが始まります。約十分後、子どもたちが考えた的当てコートの形は二種類でした。最初は、「正方形」と考えた子どもたちが、自分の考えを織りまぜながら次々に発表しました。「正方形」と思っている子たちは満足気です。しかし、次に「円」と考えた子ど

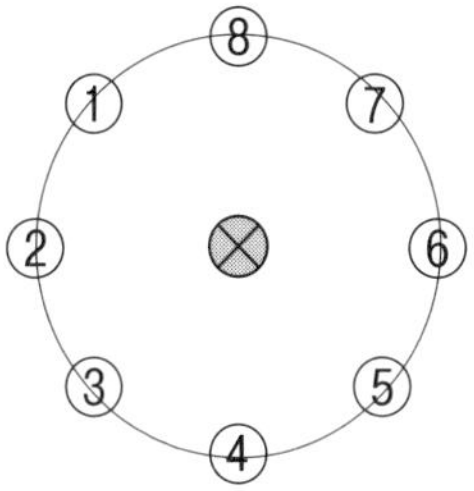

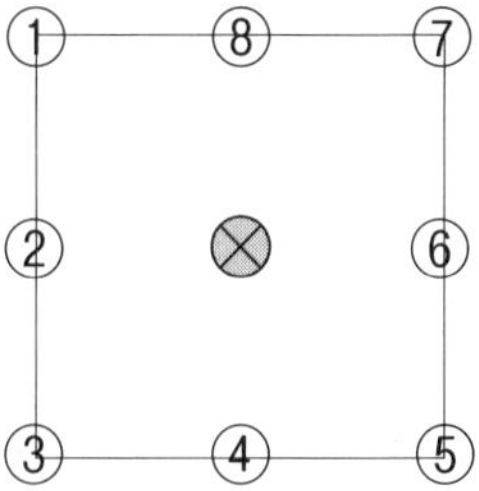

もたちの発表に移ると、

「あれ？　正方形だと対角線上にいる班は、ちょっと遠いかも……」

と、一人二人と気づき始めました。最後の子が発表する頃には、全員の考えが「円」に変わっていました。

「それでは、的から三メートルの場所に紅白玉を置いてみて、その形が本当に円になるのか確かめてみましょう」

と話し、次の活動に移りました。子どもたちは班ごとに協力して、巻尺を使って的から三メートルの所に紅白玉をどんどん置きました。ギャラリーへ移動し、みんなで床を見ると、

「あっ！　やっぱり円だ」

「円になっている」

という声があがりました。私は、

「平等なコートの形が円だと分かったので、最後に、みんなが作った円を使って的当てゲームをやりましょう」

と言い、子どもたちと一緒にフロアーに下りました。子どもたちは全員楽しく的当てをして、この時間は終了しました。しっかり考え体を

動かし、体験を通して学んだ算数となりました。子どもの心理をうまく利用した授業も工夫してやってみるといいと思います。

た

☆☆☆☆☆☆☆

大先輩の教育語録

今まで多くの先輩の先生方に出会い、多くのことを教えていただきました。その中からいくつかを教育語録として紹介します。

①「研究即実践・実践即研究」

学校では必ず校内研究をします。何のためにするのかというと、それは、日々の授業や学校生活をより充実させるためなのです。ですから、研究して学んだことは、すぐに実践してみるのです。実践した結果問題点が見つかれば、課題として研究していきます。そしてまた実践する。それを繰り返すことが本来の研究だということを、私はある校長先生から学びました。研究発表会で校外の先生方に発表することもありますが、あくまでも日々の授業や学校生活をよりよいものにするのが第一で、発表は第二と考えます。発表会のための研究であっては形だけのものになってしまうからです。「研究即実践・実践即研究」の方法で行った校内研究では学ぶことが多く、日々の授業もだんだん充実していき、子どもの成長も感じました。校外の研究会で学ぶことも大事ですが、校内研究を充実させると、校内の先生方が全員で取り組むため、日々成果や課題について話せるのでたくさん学べることを実感しました。

②「未熟でも子どもと共に成長すればいいんだよ」

これはまさに新卒一年目のときに言われたことばです。三月末に大学を卒業したばかりなのに、四月に先生になった私は、立場上の自分の変化に戸惑いました。先生になったとはいえ、中身はほとんど大学生の状態です。でもいざ教壇に立つと、先生として立派なことを言わなければなりません。中には、自分でも満足にできないようなことでも、子どもたちにはさせようとするのです。未熟な面が分かれば分かるほど、こんな自分が先生をしてもいいのだろうかと思い、ある先生に相談しました。すると、その先生は、

「教師だって人間、できないことはたくさんあるよ。でも、よりよい方向に子どもたちを導いてあげるのが仕事なんだから、それをやらなければならないんだよ。未熟なら未熟なりに、子どもと共に成長すればいいんだよ」

と、言ってくれました。私は、そのことばでとても気が楽になったことを覚えています。今同じような思いをしている人がいたら、私からこのことばを贈ります。

③「その時期、その時期の栄養がある」

これも、新卒一年目のときに教えてもらったことばです。小学校は一年生から六年生までいますが、その成長の様子は学年ごとに著しく違います。体の大きさ、体力はもちろんのこと、いろいろな能力、理解力、思考力など学年が進むにつれて発達していきます。ですから、学年の発達段階に合った教育をする必要性が出てきます。

その先生は、私に分かりやすいように、母乳を使って説明してくださいました。生後一年くらいまでの乳児にとっては、母乳は栄養として必要ですが、すでに他の食べ物を摂取できる二～三歳の幼児には必要がなくなります。このように、子どもの成長には、その時期ごとに合った栄養があるというのです。そして、そのことは学校教育においても同じで、各学年の発達段階に応じた教育をしなければ、子どもたちはすこやかに成長しないということでした。当時、私は三年生担任でしたので、友達関係や行動範囲が広がる時期に大切なことを教えていただいたように記憶しています。

④「一人でも賛成してくれる人がいればよしとする」

このことばは、新卒四年目の頃にアドバイスされたものです。教師は、日々子どもたちのよりよい成長を願い、いろいろな方法で授業をしたり学校生活を送らせたりしています。保護者会やお便りなどで、その様子をお知らせして、できれば保護者の方全員に賛成していただけることを願いますが、いろいろな考え方があるので、中には快く思われない場合も出てきます。当時、若かったせいもあり、話したり説明したりすれば、人は必ず分かってもらえるものと信じていた私は、そうでない現状を知りショックを受けました。そんなときある先生が、

「一人でも賛成してくれる人がいればよしとするんだよ。相手の人数が十人でも、百人でも、その中の一人の人が賛成してくれれば、それはよかったことなんだよ」

と、アドバイスをしてくれました。このときもこのことばで救われました。全員が賛成してくれなくてもよいと思える自分がいました。その後の教員生活で、似たようなことが起きたときには、このことばを思い出したものです。

た

☆☆☆☆☆☆☆

「体罰」とは子どもにとって苦痛なもの

クイズです。次の事柄は「体罰」ですか？
「体罰」だと思うものに☑をつけてください。

□ 頬《ほほ》を平手で打つ
□ 顔を殴る
□ 尻をたたく
□ 廊下に立たせる
□ 給食を残さず食べるまで次の授業を受けさせない
□ 授業を受けさせず、校庭を一人で走らせる
□ 校庭全体のごみ拾いを一人でさせる

す。

「体罰」は、いくつありましたか。実は、ここに挙げた七つの事項全てが「体罰」に該当しま

それでは「体罰」はこの七つだけなのでしょうか。いえ、そうではありません。いろいろなケースが挙げられます。

私が小学生の頃（昭和三十年代後半）クラスの友達が決まりを破ったり、危険なことをしたりすると、先生にたたかれたり、廊下に立たせられたりしていました。当時は、「体罰」が行われても今ほど問題にされることはない状況でしたが、「体罰」は禁止されていたのです。

学校教育法（昭和二十二年三月三十一日、法律第二十六号）第十一条には、次のように記されています。

校長及び教員は、教育上必要があると認めるときは、文部科学大臣の定めるところにより、児童、生徒及び学生に懲戒を加えることができる。ただし、体罰を加えることはできない。

最近の教育現場では、「体罰」に関する管理体制が厳しくなっているにも拘らず、相変わらず「体罰」についてのニュースをよく聞きます。先日も、中学校の五十代の先生が、宿題や提

出物を忘れた生徒に対し「私は愚か者です」と、プリントに何度も書かせていたと報道されていました。

子どもに対して何かを科すときは、それを行う前に「体罰」に当たらないかどうか確かめてから行うことを勧めます。殴打等の体を通じた罰や子どもの人格を無視した恥辱を与える罰のように、子どもにとって苦痛なものは全て「体罰」に該当します。

悪いことは悪いとしっかり教える義務がありますが、子どもの人権を守った上で指導したいものです。

ち

☆☆☆☆☆☆☆☆

地図は一年生から教室に掲示しよう

小学校で地図学習が始まるのは三年生からです。ですから、教室掲示用の地図（日本全図）が配られるのは、三年生からという学校が多いと思います。

子どもたちの会話を聞いていると、よく地名を耳にします。

「僕、この間の連休、家族で北海道に行ってきたんだよ」

「あっ、私のおばあちゃんも、北海道に住んでいるのよ。よくもぎたてのとうもろこしを送ってくれるのよ。私も夏休みに行く予定なの」

といった具合です。こういう話は、低学年でも同様に聞かれます。それを知った私は、一年生担任のとき、子どもがさわれる高さの掲示板に、日本地図を貼ってみました。一年生なので全部ひらがなで書いてあるものです。都道府県名と県庁所在地ぐらいしか書いていないもので、都道府県ごとに色がついているカラフルなものでした。

子どもたちは、その地図を前に、

「あっ、僕、青森県知っているよ」

「私のおじいちゃんの家は、岩手なんだ。おとなりだね」

「僕のお父さんの田舎は和歌山県だけど、どこだろう」

「あっここにあるよ。大阪の下の方」

「本当だ。東京からはなれているんだな。みかんがたくさんとれたからって、送ってくれるんだ」

などと話していました。

テレビで天気予報を見れば、毎日のように日本地図は目にします。だから一年生であっても違和感はあまりありません。

都道府県名を全部言えないとか場所が明確に示せない大人がたくさんいるということで、高学年では、全部覚えさせる傾向が強くなってきました。強制的に暗記させて覚えさせるのも一つの方法かと思いますが、私は一年生から、発達段階に応じた地図を教室に掲示し、日常生活を送りながら自然に覚える方がはるかに身につくように思いました。

夏休み明けの発表などでは、教室の地図がすごく役に立っていました。

つ

☆☆☆☆☆☆☆☆

疲れたら休養しよう

どの職業でも同じでしょうが、元気で働き続けるには、やはり健康が一番だと思います。教師の仕事はやればやるほど深みにはまり、きりがなくなります。私自身もそうでした。私は運よく元気に生きていますが、中には若くして亡くなった同僚もいます。彼女は、体の調子が悪くても、子どもたちのために、

「休んではいられない。もう少し、もう少し……」

と、無理をして頑張り、それが病気を起こす引き金になったと思います。いい先生だったのに、とても残念でなりません。

過労やストレスは病気の元です。優先順位を決めて仕事をし、疲れたら休養することも大切です。子どもたちの前に元気な姿で立つために、日頃から自分の体のことも考えましょう。

て

☆☆☆☆☆☆☆

できるようになる喜びを味わわせよう

何かができるようになったときの子どもたちの顔は忘れられないものです。

私が教師一年目のとき、忘れられない出来事がありました。それは体育の跳び箱の時間でした。当時三年生の担任で、開脚跳びの学習をさせていました。四台の跳び箱を用意し、順番に跳ばせていく学習です。得意な子はどんどん跳び越せますが、跳べない子は何回やっても、跳ぶ寸前で助走が止まり、跳び箱の上にお尻を乗せておしまいという繰り返しでした。指導といっても、跳び箱のそばで、

「前の方に手をついて」

「助走を止めないで勢いに乗ったままジャンプして」

などのアドバイスしかできないので、跳べない子はなかなかクリアーできない状況で一時間目は終わってしまいました。

私自身、子どもの頃体育は苦手で、跳び箱のこわさは知っています。気持ちよく跳び越す楽

しさはあまり味わっていないのですから上手に跳ばせることなどできるわけがありません。

ところが、幸運なことに校内研究で体育の実技研修があり、同じ三年生の先生が、跳べない子が跳べるようになる方法を発表してくれたのです。その方法は、高さの違う二つの跳び箱を使い、跳べない子が体感できていない跳び越して着地するまでのところを何度も練習させるものでした。

まず、図1のように、二段の跳び箱の上に立ち、四段の跳び箱を跳び越す練習をします。それができるようになったら、図2のように立つ台を一段に減らして、同じように跳び越す練習をします。それもできるようになったら、普通に走ってきて、四段の跳び箱を跳び越すのです。

この方法を行うと、跳び越すというのがどういう感覚なのかが分かり、助走をつけた勢いのままジャンプできるので、ほとんどの子が跳べてしまうのです。

このことを知った私は、次の跳び箱学習のとき、跳べる子と跳べない子に分け、跳べない子の指導に最初からつき、二つの跳び箱を使った練習をさせました。最初は図1のように二段のところから飛び越させ、できるようになったところで図2のように一段のところから跳び越させました。これもみんなができるようになったので、最終的に四段の跳び箱だけにし、「今度は助走をつけて走っていらっしゃい。同じように跳び越せるから。大丈夫！」

図1

図2

と言って、一人一人跳ばせることにしました。最初の子が走って飛び越せた瞬間、みんなは驚き、そして拍手が起きました。

「できたあ！　跳べたあ」

跳べた子は感激のあまり泣いています。次の子が走り出しました。この子もクリアー。二人が跳べたことが自信になったのでしょう。次も、次もとクリアーし、最後の子もクリアー。これで学級全員が跳べるようになったと思った瞬間、私も泣いてしまいました。

できなかったことができるようになったまさにその瞬間、子どもたちの顔には感激の涙が流れていました。私が忘れられない光景でした。

学校では毎日いろいろな学習を行っています。子どもたちには、一つでも多くできるようになる喜びを味わわせてあげたいものです。

と

☆☆☆☆☆☆☆

努力を認めると子どもは伸びる

大人の社会でも、よく「あの人のあの一言で、その後の私の人生は大きく変わりました」などと耳にすることがありますが、子どもならなおさらのこと、教師がその子の努力を認めることばかけや働きかけをすると、大きく伸びる場合があります。

高学年を担任していたときです。

漢字を一字一字正しくしっかり覚えさせるため、週二回、十題テストを行っていました。事前に出題する漢字を提示し、練習用のプリントまで印刷して渡していました。ですから、百点を取るのは簡単なように思えますが、止め、払い、長さ（上の横画が下よりも長いとか）など細かくチェックして採点していたので、満点を取るのは少々難しかったようです。でも、事前に出題される漢字が分かっているので、一ヶ月平均九十点以上はざらにいました。私は、一ヶ月ごとに平均点を出し、九十点以上を取った子に対しては、その努力を認め、手書きの「漢字頑張り賞」（市販の賞状用紙使用）を作り渡しました。一ヶ月ごとにしたのは、「今月は力が出せなかったが、来月は頑張るぞ」と常に頑張るチャンスをつくるためです。

そんな中、A子さんはあまり練習してこないのか、平均点でも五十点も取れない状況でした。一学期が過ぎ、二学期が始まっても同じで、九月の平均点は三十点台でした。

ところが十月、すごいことが起こりました。何かのきっかけで練習をしたのでしょう。ぐっとA子さんの成績が上がりました。平均点は八十八点。九十点以上の子に賞状を渡すことになっていたので、残念ながらA子さんは該当しないことになります。でも、私は、五十点も平均点を上げたA子さんの努力を見すごすことはできませんでした。そこで特別賞を出すことにしました。十月の漢字テストの賞状を渡す日、平均九十点以上を取った子に「漢字頑張り賞」を渡した後、

「九十点には満たなかったけれど、すごく頑張った人がいたので特別に漢字努力賞をあげたいと思います。それは、A子さんです」

と言うと、A子さんは、びっくりした顔をしていました。まさかもらえるとは思わなかったのでしょう。私は、みんなの前でその努力をたたえ、A子さんに賞状を手渡しました。

努力を認められ、漢字に対する自信がついたA子さんは、その後も一所懸命練習し、五年生が終わるまで、毎月平均点九十点以上の好成績を修めました。そして何よりもたくさんの漢字を正しく覚えることができました。

子どもは、何がきっかけでいつどう伸びるか分かりません。努力を認めることで、少しでも多くチャンスをつくってあげられたらいいですね。

と

☆☆☆☆☆☆☆☆

当番活動と係活動の違いを教えよう

みなさんは、この二つの違いを子どもたちに説明できますか。

実は若い頃、私はこの違いをしっかり認識しない状態で、子どもたちに指導をしていたことがありました。

校内研究で「特別活動」に取り組んだとき、当時の校長先生が、この違いについて分かりやすく説明してくださる機会があり、そのとき理解することができました。目から鱗でした。

当時の校長先生の説明を紹介しますので、参考にしてみてください。

極端な話をすると、学校生活の中で当番はどの学級でも絶対必要ですが、係はなくてもよいものだということです。つまり、当番さえあれば、係はなくても学校生活は成り立つのです。

そう考えると、当番にはどんなものが当てはまるか分かります。そうです。日直・給食・掃除が当番に入ります。給食当番がなかったら、運ぶ・配る・片づけなどの点で困ることが多々起こり、給食時間内に給食をすませることができなくなります。掃除についても同じことが言えます。当番はみんなに必要なことなので全員が行う輪番制になっています。

では、係はなぜあるのでしょうか。それは子どもたちに係活動を通して、次の三つの力を身につけさせるためなのです。

一つ目は、学級生活をより楽しいものにする力です。友達に楽しんでもらったり、喜んでもらったりするためにいろいろな点から考えることになります。

二つ目は、創意工夫をする力です。アイデアを出し合い、作り上げる過程で行います。係の内容により創意工夫の中身は違います。

三つ目は、友達同士で協力し合う力です。ですから一人の係はあり得ません。どうしても一人になってしまうようなときは、他の係の子が兼ねるという形をとって成立させたこともあります。

この三つが身につくようなものということで子どもたちに提案すると、体育係のような先生のお手伝い的なものは出てきません。一年生でもいろいろ考えて係として成立するものを考えます（一年生の場合は、とくに最初のころは先生のお手伝い的なものでも可）。

私が担任したクラスで出されたものの一部です。

生き物（金魚・ザリガニなどのお世話）
季節の掲示（折り紙で花などを折って飾る）
リサイクル（小さなチョークを粉にして水をまぜ、形を作って乾燥させリサイクルチョークを作る）
踊り（曲に合わせて自分たちの振り付けで踊り、みんなに披露する）
手品（自分が考え練習してきた手品を披露）

係活動は、子どもたちのやりたいという意欲を重視するので人数制限はありません。ただ人数が多過ぎると活動ができなくなる場合が出てくるので、いくつかのグループに分け（○○係A・○○係B）、どの子にも活動するチャンスを与えるようにします。協力する力を付けるため二人以上となります。また、みんなの前で披露する必要がある係は、発表の場を設定する必要があります。

このように決めると子どもたちは自ら進んで係活動をするようになります。あくまでも、その学級の子どもたちがしたい係なので、となりの学級と同じものにならないのが当たり前なのです。

違いをしっかり踏まえて活動させるとよい活動が生まれます。そういう活動を見つけたら学級全体に知らせ、ほめてあげてください。掲示されている係のポスターのところに先生からのコメントを貼ってあげるのもいいでしょう。次の意欲につながります。

な

☆☆☆☆☆☆☆

何のために勉強するのか教えよう

以前見たテレビ番組でのことです。街角インタビューの形式で、子どもたちが、いろいろな大人に、

「何のために勉強をするのですか。教えてください」

と聞いていました。聞かれた大人は、突然だったこともあるのでしょう。即答できずに考え込んでしまったり、

「大人になったら仕事をするでしょう。それが、子どもの場合は勉強なの」

と、答えたり……。子どもたちにとっては、なかなか納得のいく回答は得られなかったようでした。目的がはっきりしていないのに勉強しなければならない状況では、意欲もわかないし辛いだろうなと思いました。

私は、子どもたちが勉強するのは、将来一人の大人として、自分の力で生きていくために必要なことを身につけるためと考えています。ですから、授業中の学習だけでなく、係や当番活

動も休み時間に友達と遊ぶことも全て勉強ととらえています。学校生活全般が、子どもたちにとっては大切な勉強の場だと思います。私は、そのことをいろいろな場面で子どもたちに気づかせたり、教えたりすることが教師の役目だと思って実践してきました。その中から二つ紹介します。

〈場面①　難しい勉強はいやだな〉

一年生の漢字学習は、初めてで興味もあるし、画数も少なく覚えやすいので、ほとんどの子どもたちが楽しく学習しています。しかし、二、三年生になると難しい漢字が出てくる上に、覚える数も増えるので、よく子どもたちから、

「先生、何で漢字なんか勉強するの？」

と、聞かれます。私は、こういう場面をチャンスととらえ、

「じゃあ、漢字を全く覚えないとしたらどうなると思う？　学校では漢字を教えないことにして、みんなは勉強しないことになるの」

「それは楽でいいかも……」

「でも、本や漫画を読めないから困る」

「ほかに困ることはある？」

「あっ！　電車にも乗れない。だって行き先の駅名が漢字だったら全く分からないでしょ」

「お店で買い物をするときとか困るよ」

　等々、生活する上で困ることがたくさん出てきます。そこで子どもたちは、漢字を学ぶ必要性を知るのです。それがなぜ必要なのかを考えさせるとき「ゼロ」だったらどうなるかという見方をすると、子どもたちには分かりやすいです。

〈場面②　これができたら成績が上がるの？〉

　五年生の家庭科で裁縫箱の袋を作ったときのことです。

「先生、この袋が上手に縫えたら家庭科の成績が上がるの？」

と、聞かれました。私は、成績をよくするためとか受験に合格するために勉強をしているのではないということに気づいてほしくて次のような話をしました。

「みんなは、今、裁縫箱を入れるための袋を作っているけれど、これが作れるということは、違う大きさの袋も作れるということなのよ。裁縫箱がちょうど収まる大きさの型紙を作るとき、裁縫箱の縦・横・高さの寸法を測り、ゆるみを足して大きさを決めたでしょ。そのやり方が分かれば、これより小さい箱でも大きい箱でも、長さを測れば型紙は作れるわけ。例えば、自分の部屋が散らかっているから片づけたいなと思ったとき、袋があればまとめて入れられるでしょ。ビニール袋でもいいけれど、布の方が丈夫だし長持ちするから布で作ろうと思えば、今のみんなの力だったら、それが自分で作れるの。

部屋に合った自分の好みの布を買ってくれば、オリジナルで丁度よい大きさの袋ができるし、部屋にいるのも楽しくなるでしょう。学校でいろいろな勉強をしているけれど、それは成績を上げるためではなく、自分の生活に生かして、より豊かな生活にするためだと思うのよ。これからもたくさん勉強して、自分の生活を豊かなものにしてほしいと思います」

学校生活の中には、いろいろな場面があるので、うまく見つけて、このような話をするといいと思います。そうすれば、子どもたちは、自分のために勉強する意味をよく理解し、少々辛く難しい勉強も頑張れると思います。

な

☆☆☆☆☆☆☆

名前を早く覚えよう

名前を覚えるのは、教師の大切な仕事です。新年度が始まったばかりであれば、全員の名前が分かるはずはありませんが、それでも、

「前から三番目の青いTシャツを着ている男の子」

なんて言われたら、子どもだって嬉しいはずはありません。大切なコミュニケーションもとりにくくなるものです。

そこで、一日も早く名前を覚えるために私がしてきた方法を一つ紹介しましょう。

〈新学期早々の一週間だけ、座席は名簿順〉

この方法だと、予め座席表を作っておけるので、どの席に誰が座っているか一目瞭然です。

「前から三番目の……」などと言わずに、

「A君」

と、その子の名前を呼べるので、子どもたちもすぐ自分のことだと分かり、いろいろな点で事がスムーズに運びます。また、子どもの方も、早く自分の名前を覚えてもらえたということで嬉しいものです（私自身、子どもの頃そう思いましたから）。

気をつけなければならないことは、視力が悪いのに一番後ろの席になってしまった子や、体の大きな子が前の席にきたために黒板が見えなくなってしまった子に対する配慮です。もちろん席を替える必要があります。

一週間と区切るのは、自分に期限を決めて早く覚えるようにするためと、子どもたちにとって、何かと座る機会の多い『名簿順座席』から早く解放してあげるためです。

また、早く覚えるには、子どもたちの名前を多く呼ぶことです。ですから、授業中はできるだけ全員を指名して名前を言う機会を増やしたり、休み時間には、

「B君は、今、何に夢中なの？」

「C子さんの趣味は何？」

などと、積極的に子どもたちに話しかけることをお勧めします。私は、放課後、誰もいない教室で仕事をしているとき、席を見ながら名前を言って、覚えられたかどうかのチェックをしたこともあります。

このようなことを重ねていくうちに、三日もあれば、自然に名前と顔が一致して、座席表を

見なくても呼べるようになります。
自分なりの工夫をして、子どもたちの名前が早く覚えられるといいですね。

〈正しい読み方を確認しておこう〉

私は、子どもの頃、ほとんどの先生に姓を一度で正しく呼ばれたことがなく、よく自分から訂正をしていました。ですから一度で正しく呼んでくださる先生に出会ったときは、すごく嬉しく思いました。

「智美」と書いても「ともみ」「さとみ」というように、名前の読み方は難しいものです。でも、その子にとっては名前は一つです。最初に出会った日から、正しく呼べるように、事前の確認をお勧めします。

に

☆☆☆☆☆☆☆

二十パーセント理論に学ぶ

アリの「二十パーセント理論」という話をある冊子で目にしたことがあります。たえず一所懸命動き回っているように見える働きアリも、実は全員が真面目に働いているわけではなく、その中の二十パーセントしか働いていないそうです。そして、その二十パーセントがきちんと働いていれば、集団としての機能は、十分成り立つのだそうです。

アリが百匹いたら、その中の二十匹が一所懸命働くことになります。その優秀なアリだけを百匹集めて集団を作ったところ、どうなったと思いますか。やはり、その中の二十匹だけが働き、残念ながら残りは働かなくなったそうです。

逆に、全く働かないアリだけを百匹集めて集団を作ったところ、その中の二十匹が働き出したそうです。

このことは、一見、人間社会にも当てはまるように思います。二十五人の学校組織だったら五人働けばよいことになります。校長・副校長・事務・主幹（教務）主幹（生活指導）の先生方になるのでしょうか（実際は細かい分担の中で一人一人が働いています）。学級の場合ではどうでしょう。

私が子どもの頃、八人の班がありましたが、班長と副班長の二人が真面目に仕事をしていれば、特にその班が困ることはありませんでした。八人の二十パーセントは一・六人なので、アリの二十パーセント理論が丁度当てはまります。

ただ、学校は教育の場なので、残りの六人が全く班長・副班長の経験なく終わることには問題があります。どの子にもいろいろな経験をさせることが大切だからです。ですから、この場合だったら、班長・副班長を輪番制にするとか、やっていない子の中から選ぶとか、何らかの配慮が必要になるでしょう。

私は、子どもの頃、班長になることが多かった経験から、班長にかかる責任や副班長を置く意味（補助的な立場が子どもでは取りにくい）が気になっていました。そこで、それらを解決するために、教師になって一年目のとき、一所懸命考えたのが、一人一役制の班でした。

班の人数は四人（多くて五人）で、班長・掃除長・給食長・学習長を置きます。副班長は、今ひとつ役割や責任が明確でないので置きませんでした。私は、一人一人に仕事をしてほしくて、この方法を退職するまでずっと続けてきました。

アリの二十パーセント理論は後から知りましたが、集団の数を四～五人程度に少なくし、一人一役のように、それぞれの子どもに役割を与えることで、多くの子どもたちの活動の場が広がります。子どものうちに多くの経験を積み、大人になったときにそれを役立ててほしいと願っています。

ぬ

☆☆☆☆☆☆☆

『盗み学び』を時にはしてみよう

『盗み読み』ということばがあります。辞書を引くと「他人の手紙などをこっそり読むこと、また、人が読んでいる本などを傍らからこっそりのぞいて読むこと」（『福武国語辞典』福武書店刊）と書かれていました。

実際に物を盗むのはいけない行為ですが、盗み学びというのはいかがでしょうか。

小学校の先生は学級担任制なので、ほとんど自分の教室で過ごすことになります。同じ学年の先生の教室には、いろいろな打ち合わせがあって入ることもありますが、他学年になると、日頃の忙しさも手伝ってあまり行き来はありません。多くの実践が見られる場所がそばにありながら、もったいない状況です。

そこで、私がよく行ったのが、盗み学びです。周期的に回ってくる日直の日が絶好のチャンスです。子どもたちが下校し、静まり返った校舎内をくまなく回り、戸締りや電気の消し忘れをチェックしますが、そのとき、一つ一つの教室から、先生方の実践の様子を盗み学ぶのです。

まず、目につくのは掲示物ですが、それを見るだけでもいろいろ分かります。例えば、そのクラスの日直がどんな仕事をしているか、その学級にはどんな係があるか、小さなことですが参考になるものです。絵が貼ってあるコーナーのタイトルも様々で、創意工夫がなされた素敵なものを見つけると、自分もやりたくなってしまいます。観察カードや作文のコメントも参考になります。

黒板に書き残しがあれば、そこからもその先生のやり方が見えてきます。先生方も十人十色なので参考になるのです。

窓や電気を点検する短い時間なので、ざっと見渡して目につくところを重点的に見る程度ですが、意識して回っていると結構勉強になります。

先生が教室で仕事をしている場合は、廊下から、

「戸締りと電気、お願いします」

と頼んで通り過ぎてしまうこともありますが、気になるものがあったら、

「ちょっと見せてください」

と言って、中に入って勉強させてもらうといいでしょう。

教室の中には、その先生の学級経営に対する考え方や方法などが分かるものがたくさんあるので、たまには盗み学んでみるのもいいと思います。

ね

☆☆☆☆☆☆☆

年度末評価は子どもの成長を基準に

学校では、毎年一月になると年度末の反省をして、新年度計画を作成します。十二月が終わる頃、子どもたちの成長を見ながら、教育目標は達成できただろうか、道徳では、特別活動ではどうだろうかと反省していきます。学級の子どもたちについては、年度当初に実態を踏まえ、今年はこういう力を育てたいと考え具体的な方策を日々実践していくわけですから、それなりの成果は見られるものです。よくなったところはさらに伸ばし、不十分なところは以後、続けて力を注げばいいと思います。

学校全体の取り組みについては、教師一人一人の取り組みの程度が違うと、うまくいかないことも出てきます。

子どもたちに十分な成果が見られないとき、取り組みが実態に合っていたのかどうか検討することになりますが、取り組みそのものが十分なされていなかったということも考えられます。その取り組みがよいものであっても、実践されていなければ意味がありません。また、来

年度は続けるかどうかを話し合うとき、意見が分かれることがあります。だいたいが、

「子どもに必要だから続けた方がよい」

という意見と、

「教師が○○の点で大変になるからやめた方がよい」

という意見の対立です。

学校教育は、子どもをよりよく成長させるためにあるもので、主体は子どもです。子どもにとってどうなのかという視点で考えることが大切だと思います。いろいろなことを全教員で話し合うときには忘れてはならないことですね。

ただ、教師も生身の人間ですから、健康を害するような無理はいけません。子どもたちにとってのよい取り組みが先生たちの負担になるようだったら、みんなでアイデアを出してうまく負担を減らして、行えるようにするといいでしょう。

ね

☆☆☆☆☆☆☆

ねらいを常に意識しよう

学校での教育は、意図的計画的に行われるものなので、必ずねらいがあります。授業であれば、単元のねらいや本時のねらいです。それを意識していないと、それた内容になりかねません。また、授業が途中で脱線しそうになることもあります。子どもたちが主体なのであり得ることです。でも、ねらいを意識していれば、それほどそれずに、授業を戻していくこともできます。ねらいを意識することは大切だと思います。

学校教育とは違うのですが、私は、小学四年生のとき、珠算塾に通ったことがありました。級が上になると、計算も難しくなっていくのですが、あるとき、歩合算が入った検定を受けることになり、その練習をしました。当時の私に歩合算の意味を一つ一つ理解させて計算させていては、時間内に終えられないと考えた先生は、

「表の中でAとBに数字が入っていたら二つをかけ算して、Cの空欄に答を書くこと。Bが空

欄だったら、CをAで割ること。Aが空欄だったら、CをBで割ること」と教えてくれました。検定日当日、私は言われた通り算盤をはじき、合格点をとることができましたが、どうしてそういう計算になるのか全く分かっていませんでした。

この珠算塾の先生の場合は、いかに早く、そして間違いなく答えを出させるかがねらいだったので、こういうことも「あり」だったのでしょう。

もし、「意味を理解して計算をすることができる」というねらいだとしたら、このやり方はあり得ません。ねらいを誤まると大変なことになります。

毎日、いろいろな授業をしているわけですが、一時間一時間、ねらいを確かめてから、授業に入れるといいですね。

の

☆☆☆☆☆☆☆

能率よく仕事をするために

教師は、子どもたちに学習の場（これは勉強だけでなく生活面も含めてのことです）を設定し、理解させるという仕事なので、多くのことをやらなければなりません。

日々の授業については、ただ行うだけではなく、教材研究などの準備が必要ですし、事後においても、自分と子どもの評価をしなければなりません。また、生活面においても、いろいろしなければならないことがあります。行事が入ればその仕事もあります。集金があれば、それも行います。こんなにあるのかと思うぐらい、ここに全部書き出すのは容易ではありません。ましてや、それらは、ほとんどすぐ処理しなければならないものが多く、ゆっくり構えていられません。ですから、能率よくこなすことが必要になってくるのです。そのためには、優先順位をつけることが大切です。緊急を要するものから片づけていきます。明日、出さなければならない書類を、明日やっていては間に合わないわけですから。

ただ、授業以外のことに追いまくられて、肝心な授業の準備に時間がとれなくなっては本末転倒です。教材研究不足では、よい授業はできないからです。でも、実際問題として、一日は二十四時間しかないわけですから、こういうことは起こります。

私も現職時代、そのような時間がない中でも、よりよい授業がしたいと思い、夜なべ仕事を何度もしたものです。こういう絵が一枚あったら、分かりやすいと思えば、眠い目をこすりながら絵を描きました。でも、体はもちません。そこで、強く思ったのが、学校内での資料の共有化です。特に、小学生には、具体的な資料が必要なので、学年ごと、教科ごと（できれば単元ごと）に資料が整理されていると、時間の節約にもなり、またよりよい授業が望めます。

単純計算ではありますが、一人が一時間かけて一つの資料を作るとします。それぞれが別の単元で、十人が資料を作れば、十の資料ができるわけです。それを共有化することで、一人が十倍の資料を使えることになるわけです。

小学校の先生は、学級担任制なので、毎日の授業で使った自分の資料は、自分のものとして持っていることが多いですが、お互いにその資料を出し合うことで、時間的な節約だけでなく、授業の効率化も望めます。若い先生なら、先輩の先生の資料を使うことで、教材研究にもなることでしょう。

私は、勤務していたある学校で、そのことを強く思い、三年生から六年生までの社会科の資料（自分が作って使ったもの）を全て単元ごとに一つのファイルに入れ、社会科資料室に置くことにしました。先生方は、それを土台に、教材研究をし、そのまま使えるものは使い、年代等変化するものについては手を加えて使っていました。一から教材研究を行うより短い時間で、ねらいを見据えたよりよい授業が行えると喜んでいました。私は、その後、その学校から転勤しましたが、三年生の学習など、その学校に合わせたものが多かったので、全部置いたままにしておきました。ある先生からの年賀状に、

「今年度、初めて三年生担任になりました。先生の宝ものを使わせてもらっています」

と書いてあり、残していってよかったなと思いました。

資料の共有化は、難しい面もありますが、道徳の読み物資料などは、学校全体で共有化すると、時間を有効に使え、よりよい授業も望めると思います。多くの学校で、資料の共有化が進むといいですね。

は

☆☆☆☆☆☆☆

話は短く分かりやすく

私自身、話し出すとつい長くなってしまうタイプなので、話し方についてアドバイスをするのは恥ずかしい限りですが、いろいろな人の話し方から学んだことを紹介します。

①ポイントをしぼる

だらだら話すと、聞いている人は、内容をなかなかつかめないものです。予め、ポイントをしぼって話すことが大切。ポイントは三つ以内がよいそうです。

②最初に「○点話します」と言う

話し始めるときに、○点と明示しておくと、聞き手は、今話されているのは何点めの話だなと見通しをもって聞くことができるので分かりやすくなります。また、メモを取るときも記録しやすくなるそうです。

③聞き手の年齢に合った内容と話し方にする

特に子ども対象に話す場合は、理解できるように内容も話し方も吟味する必要があります。また、その年齢に合ったものでなければなりません。内容が難しくて理解できない状態では、子どもたちはじっとして聞かず、好き勝手なことを始めます。

④視覚資料を活用する

話す場所や広さにもよりますが、具体物を見せながら話すと、内容がより鮮明になり、分かりやすくなります。フラッシュカードなど効果的です。

⑤引き込むような話術を使う

単調に話していると、聞き手は眠くなることがあります。特に昼食後などは最悪です。声のトーンを変えたり、会話文を入れたりして変化をもたせ、聞き手が引き込まれるような話術ができたらいいですね。

は

☆☆☆☆☆☆☆☆

発表の仕方は四月中に身につけさせよう

私は、新しい学級をもつと、学年に関係なく、必ず最初に、発表の仕方を練習させました。基本的には、名前を呼ばれたら「はい」と返事をすることと、発表内容が、先生や友達に分かるように、最後まではっきり話すことの二つを重視して行いました。

ほとんどの発表は、「はい、○○です」と「はい、○○と思います」の二つの話型を習得すれば、うまくできるようになります。一つの言い回しができれば、子どもたちは、内容に応じて末文を変え、結構上手に話すことができるからです。

学級の実態にもよりますが、三年生以下の場合は、いくつかの話型を教え、常時掲示してあげるのもいいでしょう。また、上手な話し方をした子がいたら、みんなの前で、どこがどういう理由でよかったのかを話してあげましょう。きっとその話し方は、学級全体に広がっていくと思います。

発表の仕方は、授業中が一番の練習の場です。例えば、算数の時間、

「五×八はいくつですか。A君、どうぞ」

と指名したとき、A君が、

「四十」

と答えたら、答えは当たっていることを認めながらも、すかさず私は、

「あ〜ら、何か忘れていますよ」

と言って、

「はい、四十です」

と言い直させます。中にはあせって、

「四十です。あ〜、はい」

などと、返事を忘れて後につけたす子もいますが、そういうときは、落ち着かせてからもう一度言わせます。


このように最初はやり直しも多いですが、ここは徹底するまで頑張ります。子どもたちは、だんだん慣れて、四月も後半になれば、上手な発表が、自然にできるようになってきます。一度身につけば、それ以後の授業は、いつもきちんとした発表で進んでいきます。

何事も最初が肝心。四月は頑張りどきです。

〈全校で取り組むよさ〉

コミュニケーション能力を高める研究をしていた学校では、話型について全校で共通理解をし、どの学年も同じように発表できるようにしたと聞きました。こういう取り組みがあれば、学級単位で指導に当たる必要はなくなるし、子どもたちも一～六年まで同じようにできるので理想ですね。

ひ

☆☆☆☆☆☆☆

避難訓練は練習ではない

毎月一回行うことが義務づけられている避難訓練。年間にして十一回、六年間ともなると六十六回になります。ともすると、教師も子どもも「またか」という意識になり、だんだん気持ちもゆるみ、惰性的になりかねません。そんなたるんだ気持ちをびしっと引き締めてくださった校長先生がいました。

その校長先生が着任して一回目の避難訓練のときのことです。四月ですから、初めての一年生がもたもたするのは仕方がありませんが、上級生の避難の際、私語があちらこちらから聞こえたのです。校長先生は、気がゆるんでいるととらえたのでしょう。全員が避難し終わった後に、

「今、しゃべりながら教室から出てきた人は全員やり直しです」

とおっしゃいました。そのことばに教師も一瞬驚きをかくせなかったものの、すぐしゃべっていた子どもたちに指導してやり直しをさせました。やり直しで教室に戻った子どもたちが、二

度目の避難訓練を始めました。もちろん誰もしゃべっていません。静かに避難し終わり、再び全員が校庭に集まりました。そして、校長先生のお話が始まりました。

「今日初めてみなさんの避難訓練を見せてもらいました。しゃべりながら避難してきた人にはやり直しをさせました。なぜでしょう。避難訓練は避難する練習ではないからです。火事が起きたら火を消しに来る消防士の方たちは、毎日、火を消したり、人を助けたりする訓練を命がけで行っています。訓練とはそういうものです。みなさんが毎月一回行っている避難訓練も、火事や地震などの災害から命を守るための訓練で、何度もやり直しをする練習ではないのです。そういうことを意識しながら行っていれば、おしゃべりをしながら避難をするということはあり得ません。来月、また避難訓練がありますが、しっかり訓練として行ってほしいと思います」

校長先生のことばを聞き、避難訓練の約束事「おさない」「かけない」「しゃべらない」「もどらない」を中心に事前指導をしていた私は、大切なことを忘れていたことに気づき反省しました。避難訓練の本来の意味を子どもたちに理解させれば、必然的に「おさない」「かけない」「しゃべらない」「もどらない」は守られるのですから。

それ以後、避難訓練がある度に、私は、訓練と練習の違いを話し避難訓練として行動できるようにしました。毎月あっても、きちんと意識させれば、一年生でもしっかり行動できるよう

あ か さ た な は ま や ら わ

になります。本質をわきまえた指導の大切さを痛感しました。

注　訓練時でも災害時でも、避難するときには必ず出席簿を忘れずに。学校によっては学級旗がある場合もあります。

避難訓練の約束事「おかしも」
お…おさない
か…かけない
し…しゃべらない
も…もどらない

ふ

☆☆☆☆☆☆☆

冬休みの「あ・い・う・え・お」

これは、私が生活指導主任をしていたときに考えたものです。
二学期の終業式後に、冬休みの過ごし方について全校向けに話すのですが、大切なことを「あ・い・う・え・お」にまとめ、覚えやすいようにしてみました。

あ…挨拶をしよう（家族への挨拶はもちろん、お正月は親戚《しんせき》の人に会う機会もあるので）
い…命を守ろう（交通事故・誘拐《ゆうかい》などに気をつけるように）
う…うがい、手洗い忘れずに（寒い時期だし、初詣等で外出する機会も増えるので風邪を予防するため）
え…笑顔でお手伝い（年末は大掃除、年始は来客の接待などで忙しいお家の人を助けるため。いやいややるのではなく笑顔で行ってほしい）
お…お金を大切に（お年玉をいただくこともあるので、お金のありがたみを感じてほしい）

全校の子どもたちには、楽しい冬休みにするための「あ・い・う・え・お」と紹介しました。五点ありましたが、あいうえおで考えたので覚えやすかったようです。参考にしてみてください。

へ

☆☆☆☆☆☆☆☆

平和教育を計画的に行おう

私が子どもの頃、「戦争を知らない子供たち」という歌がはやり、口ずさんだことがあります。そのとき、父が、

「だんだん戦争を知らない世代が大きくなっていくんだなあ」

と言っていましたが、戦後六十年以上経つ今日、戦争の悲惨さを体験している人の方が、少なくなってしまいました。体験者はすべて高齢者です。

広島で原爆にあい、病気と闘いながら生きている方、戦地におもむき大けがをして帰ってこられた方、戦争で家族を亡くし一人で頑張ってこられた方、いろいろな方がいます。全て、戦争の犠牲者です。

体験者の方たちは、みんな、

「戦争は破壊でしかない。多くの尊い命を犠牲にしてまで戦う価値はどこにあるのだろうか。二度と戦争はするべきではない」

と言います。そして、今戦争を知らない世代の人たちに、自分たちの味わった悲惨さを話すことで、将来も戦争のない平和な世の中が続くことを望んでいます。

私は、東京大空襲で、火の海の中を父親と二人で逃げまどう小学生の女の子の体験記を読んだことがありますが、それはそれは生き地獄のようでした。火の熱さからのがれようと、みんな川に飛び込みますが、川はお湯のように熱く、死体もたくさん浮いていたとか。自分ももうだめだと死の淵をさまよい、かろうじて生きのびたという体験が書かれていました。

学校では、道徳・国語・社会などで、平和についての学習をする機会があるので、それらを通して、子どもたちの平和に対する意識を高めたいものです。

一年生に『かわいそうなぞう』（土家由岐雄・作）を読み聞かせしたところ、エサをあげたくてもあげられない飼育員さんの辛い気持ちや、エサをもらいたくて空腹でふらふらしながらも芸をしようとする象の様子に、みんな悲しくなって下を向いてしまいました。戦争があるために、動物まで殺されてしまう悲劇を一年生なりに理解し、平和の大切さを感じることができました。

各学年ごとに、発達段階に応じた内容で、平和に対する意識を高められるといいですね。四月に一年間の指導計画を立て、どの教科のどの単元で、平和教育ができるか、予めチェックしておくとよいでしょう。

また、家庭でも話題にしてもらえるように学年・学級通信で「今、社会で戦争の学習をしています」等のコーナーを作り、学習内容を紹介するといいでしょう。

私は今でも、

「お父さんは、小笠原へ行き、命からがらどうにか無事に帰って来られたが、戦地では、食べ物がなく、ヘビやカエルまで食べ、水は雨水でしのぐありさま。恐怖の戦地に子どもや孫は行かせたくないなあ。戦争体験者はお父さんの代だけで十分だ」

と言った父のことばが忘れられません。

ほ

☆☆☆☆☆☆☆

ほめ上手になろう

今、覆面調査員というのがはやっているそうです。お店の人に分からないようにお客を装って、その店の調査をするのです。飲食店の場合だったら、接客態度や味付け等何項目もチェックされ、その結果は経営者に渡されます。評価はチェック表に五段階でつけられるのですが、どちらかというとマイナス評価になってしまうようです。マイナス評価を受けた店員さんのほとんどは、自信をなくし、おどおどした態度になり、今までより力が発揮されなくなるそうです。

これでは、改善に役立たないと感じたある調査会社では、評価の方法を大きく変え、よいところを見つけるようにしたそうです。

一例を挙げてみましょう。ある飲食店で覆面調査員が、

「今日のお勧めは何ですか」

と聞いたところ、店員さんは即答できず、

「ちょっとお待ちください」

と言って、厨房に走っていきました。これを見た調査員の評価は、自分の分からないことについて、知っている人に聞きに行く態度はとてもよいとほめていました。このようにして評価された結果はやはり経営者に渡され、経営者から各店員に伝えられます。この場合みんなほめられるので、どの人もとてもにこやかで意欲的になります。ある店員さんは、自分の評価を聞き、

「頑張っていることをちゃんと評価してもらえたのが嬉しいし、これからも頑張ろうと思います」

と、満面の笑みで話していました。別の店員さんは、

「ほかの人のよいところも真似したくなりました」

と、これまた笑顔で話していました。店は全体の雰囲気もよくなり、売上げは二割増しということですから、評価は十分役立っていることになります。

大人でさえ、ほめられると嬉しくなり頑張るのですから、子どもたちはなおさらです。小さいことを見逃さず、よいところを見つけたときにはたくさんほめてあげください。そうすることで力を発揮して伸びるものです。

そのためには、一緒に遊んだり、掃除をしたり、子どもたちの席で給食を食べたりして子どもウォッチングをすることです。授業中とはまた違った子どもの姿を見ることができ、ほめる場面も増えます。

先のほめる方針に変えた調査会社の社長さんによると、人は五つほめ一つ改善点を言うぐらいが丁度よいそうです。

ほ

☆☆☆☆☆☆☆☆

「ほうれんそう」を忘れずに

「ほうれんそう」といっても、野菜ではありません。「報告」「連絡」「相談」の略です。つまり、「報・連・相」です。

これは、学校だけではなく、大勢の人が働く職場では、どこでも重視されていることです。毎日仕事をしていると、どんな職場でも多かれ少なかれいろいろなことが起きるものです。何かトラブルが発生したとき、すぐに「報・連・相」を使って対応することによって、ことを未然に防いだり、大きくならないうちにくい止めたり、落ち着いて対処できたりするものです。

特に小学校は学級担任制なので、自分の学級の問題を自分で抱えがちですが、まわりの人に相談したり、家庭との連絡を密にしたり、上司に報告して助言を受けたりして、上手に解決できるといいですね。

ほ

☆☆☆☆☆☆☆

本当の優しさはその子が自分の力でできるようにしてあげること

私が高学年の担任だったとき、子どもたちとの関わり合いの中で、本当の優しさとは何だろうと考えさせられたことがありました。

クラスの中に配慮を要するA君がいました。子どもたちは一年生からA君を知っていて、子どもから見ても配慮してあげないといけないなと思わせるような状況でした。ですから日頃、学習面でも生活面でも誰かしらお手伝いする光景が見られました。その様子はとてもほほえましく見えました。A君は、自分に優しく接して手伝ってくれる子が大好きでした。

家庭科の縫いものが終わっていない子を残し、仕上げさせていたときのことです。A君も残って、みんなと一緒に遅いながらも頑張っていました。時間が経つうちに、終わる子がどんどん出てきて、最終的にA君だけになってしまったとき、B君が手伝い始めました。B君は優しくことばかけをし、A君が縫うのを横から見守りながらうまくいかないときだけやってあげていましたが、そのうち自分主体に縫い始めてしまいました。私が気づいた時点で一応やめさせました。A君は、優しく何でもやってくれるB君が好きで、優しい友達だと思っています。

別の日、習字の授業がありました。みんなで字の形に気をつけながら何度も練習をし、清書に入りました。私が一人ずつ点検をしながら終わらせていると、またもやA君は残ってしまいました。もちろん私もA君には他の子より多く個別に見てあげてはいましたが……。すると、清書が終わったC君が、誰かにやってもらいたいと思っているA君のそばに行き、

「自分が書かなくちゃだめなんだよ。下手でもいいから自分で書きなよ。そうしないといつまで経ってもできないままになっちゃうから」

と、やや強い口調で言いました。やりとりをそっと見ていると、A君はしぶしぶ書き始めました。C君は、A君が書き上げるのを見守り、

「やればできるじゃん。繰り返していくうちに上手になるんだから、自分でこれからも書きなよ」

と言って、外へ遊びに行きました。A君はでき上がった清書を私の所に持ってきました。

「すごいじゃない。最後までよく頑張りましたね」

と言って受けとりました。

後日、私はC君からA君との関係を聞きました。一、二年生のとき同じクラスだったC君はよくA君の家に遊びに行っては、たし算やひき算を教えてあげたそうです。何日かすると忘れ

ることがありましたが、行く度にやっていたからできていたと話してくれました。でも学校では先生ができないと思っていて、A君を指名して答えさせなかったから残念だったと付け加えました。何でもやればできるようになるから、やらせることが大事だと私にも強く訴えていました。

教師や親の立場なら、子どもの将来を考えその子にやらせる必要性は分かりますが、C君は小学生なのにすごいなと思いました。A君の将来まで考えていて、行動に移しているのを見て、『本当の優しさとは、その子が自分の力でできるようにしてあげることだ』と改めて強く思いました。

ま

☆☆☆☆☆☆☆☆

真似することは学習の第一歩

「子どもたちにとって、真似することは学習の第一歩なので、先生がいろいろやって見せることが大事なのよ」

と、新任の頃、ベテランの先生に教わりました。

最初に、ノートの使い方で考えてみましょう。一年生の場合だと、どこからどのように書くか全く分からないので、一から教えます。ただ、ことばで説明しても分かりにくいので、私はよく黒板にノートと同じ数のますを書き、一ます一ます確認しながら字を書き入れていきました。子どもたちは、自分のノートと黒板の字を照らし合わせながら、一つ一つ文字を書いていきます。これが第一段階で、黒板に書いてある通りに書き写すことから始まります。このことが少しずつできるようになると、見やすくするために、まとまりごとに一行あけるとか、↓、↕、○、◎などの記号を使うとよいとか、教えればできるようになってきます。学年が進むにつれ、箇条書きや表の書き方などを教えますが、どんな場合にそれらが有効かを理解させてお

あ か さ た な は ま や ら わ

くと、高学年では、自分なりに工夫して見やすくノートに記録することができるようになります。でも、個人差があるので、アドバイスが必要な場合には、それなりの指導が必要です。

次に、道具の使い方で考えてみましょう。例えば彫刻刀などの刃物の場合は、危い使い方をしたら大変なので、最初にきちんと正しい使い方を教えておく必要があります。学年にもよりますが、ことばで説明するだけでなく、ＯＨＣ（実物投影機）などで先生が実際にやっているところを映し出して見せる方法も有効だと思います。

最後に、いろいろな場面で、自らが考え創意工夫する子にするために、教師自身が日頃から考え工夫して対処しているところを見せることです。教室内で何かこわれているものを見つけたら、直して使えるようにするとか、掲示物をいろいろ工夫しながら貼ってみるとか、分かりやすい授業にするために小道具を作ってみるとか……。日々の生活の中には工夫の余地が結構あるものです。

百聞は一見にしかずです。子どもたちは、日々先生の動きを見ているものです。先生がいろいろやって見せることが一番大事です。

み

☆☆☆☆☆☆☆

見通しをもとう、もたせよう

仕事をする上で見通しをもつことは大切なことです。どのような過程を通り、どこがゴールか分からなければ力も発揮できずよい仕事はできません。特にチームを組んで行う場合は、計画表等の共通で理解できるものがなければうまくいきません。

学校の場合、授業関係であれば、単元全体の見通し、一時間ごとの見通しが必要でしょう。また、運動会や学芸会等の行事なら、当日までのスケジュールが分かるもの、係分担が分かるもの、つまり全体計画が必要です。

自分が中心（チーフ）になって行うときは、目的を理解ししっかりとした見通しをもち、関わる人たちにも同じ見通しをもって動いてもらえるような全体計画を提案することが大事になります。

このことは、子どもたちに対しても同じです。いろいろな場面で見通しをもたせるようにすると、子どもたちは、主体的に活動し、達成感を味わい成長していきます。

具体例を一つ紹介しましょう。

私が三年生を担任したときのことです。総合的な学習の時間（三年生以上から学習）が始まったばかりの頃で、学芸会が学習発表会に変更されました。この年の発表形式は学芸会と同じ舞台発表で、三年生の持ち時間は二十分間。発表内容は既成の劇ではなく、総合的な学習の時間で調べたり学んだりしたことに決まりました。

当時三年生は「友達になろう、わたしたちの体」というテーマで、一年間を通して学習することになっていました。

私が行ったことは、まず、子どもたちに一年間の見通しをもたせることでした。最初の総合的な学習の時間に、私は、

「この時間は、ほかの教科と違い教科書はありません。自分たちが不思議だな、知りたいな、調べたいなと思うものを使って学習します。どんな内容でもいいのですが、それでは広がり過ぎるので、体について学習することにしました。それは、二年生のとき、『おへそのふしぎ』の学習を通して、みなさんが体の他の部分にも興味をもっていたからです。これから一年かけて、体の中で知りたいところを調べて、不思議な気持ちを解決していきましょう」

と、意義や内容を話し、テーマを黒板に書きました。そして予め用意しておいた一年間のスケジュール表を貼り、説明しました（表1）。

表1

〈一年間のスケジュール表〉

4月	学習テーマを知る
5月	調べる練習（資料は先生が用意）
6月	
7月	
8月	
9月	個人で調べる
10月	
11月	学習発表会（体育館）
12月	個人調べ
1月	
2月	コーナー発表会
3月	まとめ

「一学期は、みんなが知りたいと思った体の部分から、二つを選び、全員が同じものを先生が用意した資料を使って調べる練習をします。二学期は、自分が知りたい体の部分について、自分で資料を見つけ、自分で調べる学習をします。また、学習発表会があるのでみんなが調べた中から八つ選んで、グループを作り舞台で発表します。台本や小道具は自分たちで考えて作ってもらうので、頑張って調べてください。三学期は、学習発表会で発表できなかったものを、体育館にコーナーを作り発表してもらいます」

このことによって一年間の流れがつかめ、学習中も今、どの学習をしているのか分かるようになりました。

次にしたことは、一時間の学習において、子どもたちが見通しをもって作業を進めていけるようにすることでした。これは、学習発表会の準備の時期に行いました。

まず発表会当日までの日程表（表2参照）を示しまし

表2

〈学習発表会までの日程表〉	
10/25	各グループに分かれる メンバー確認
10/26	内容を話し合い、発表内容を決める タイムスケジュールを書く (発表時間4分の割り振り)
10/27	台本作り（1分原稿使用）
10/31	必要な小道具を考える 使用する材料を全て書き出す（個数も）
11/ 1	台本作り・小道具作り
11/ 4	台本・小道具完成 台本はストップウォッチで時間を測る
11/ 7	舞台練習
11/ 8	舞台練習
11/14	小道具チェック、台詞等の練習
11/15	舞台練習
11/17	最終練習
11/18、19	学習発表会当日

表3

〈今日のタイムスケジュール〉	
9：35～40	先生の話、材料配布
9：40～10：10 (30分)	台本・小道具作り
10：10～15	片づけ、掃除
10：15～20	先生の話　(11/1の例)

た。これにより、いつ何をするか分かるので、子どもが主体的に動くようになりました。表を見ると、台本作りは三日間ありますが、小道具作りもあるので、グループの中で役割分担して、十一月十四日には完成させるように動くのです。台本はできたけれど、小道具がまだの場合は、全員が小道具に取りかかり頑張ります。両方できたチームは、台詞が本当に四分で収まるかどうか、ストップウォッチを使って何回も何回もチェックしている姿を見ました。不思議なぐらい遊んでいる子を見かけませんでした。

また、授業の最初に、その時間のタイムスケジュール（表3参照）を提示しました。これによって、子どもたちは時間を意識して作業するようになりました。

「あと五分で片づけの時間になるよ。この小道具作りはここでやめておく？」

「あと五分あれば、もうちょっとできるから○○までやってしまおう」

「うん、分かった。じゃあ、○○までね」

といった会話も耳にしました。

このような力は、将来大人になったとき、仕事をする上で必要なものです。子どものうちから見通しをもって学習や作業ができるようにすることは大切です。

む

☆☆☆☆☆☆☆

昔の話（子ども時代の経験談）をしよう

子どもは先生の子どもの頃の話が大好きです。特に失敗談などのどじな話をすると喜びます。きっと、より身近に感じるのでしょうね。

私は、子どもの頃、笑える失敗をたくさんしているので、いろいろな話をしてきました。子どもが何かで悩んでいる場合、その内容と同じような失敗談を話してあげると、先生もそういうことがあったんだと思い、安心するものです。次の話はトイレの話です。

私が一年生のとき、まだ校舎は木造二階建てで、トイレは一階にしかありませんでした。ですから休み時間になると、二階で勉強している六年生も下りてきて、同じトイレを使います。

あるとき、私は早くトイレに入りたかったので、ノックもせずに、ドアを開けてしまいました。すると、中に六年生のお姉さんがいました。古いトイレだったので、かぎも、ただ木を横にずらすものだったので、うまく止まっていなかったのかもしれません。お姉さんは出るときに、私に向かって、

「開ける前に、必ずトントンとノックをするのよ」

と言いました。すごく大人に見えました。そのときから、私は、忘れずにノックをするようになりました。

子どもたちの中にも、間違えてドアを開けてしまう子がいます。相手が怒ってしまうこともあるでしょう。そんなとき、前述のような私の失敗談を聞くことで、安心するのです。

また、五年生の性教育の学習にも、自分の経験談を資料にして使いました。

学級指導として行いました。主題名は「体の中で何かが始まる（男の子の巻・女の子の巻）」です。指導計画は、

①成長における男女差・個人差
②子どもの体とおとなの体
③体の中で何かが始まる（男の子の巻）
④体の中で何かが始まる（女の子の巻）
（①と②は、保健体育として扱いました）

④の授業をしたときです。ねらいは、
・月経の仕組みを通して女の子の体の変化を理解する
・男女がお互いの成長の違いや特徴を知った上で協力しようとする意欲をもつ
の二つです。

授業は、まず、女の子の外見的な特徴を考えることから始まりました。そして、次に女の子の生理について具体的な話をしました。女性性器の名称、月経がおこる仕組み、初潮の意味、初潮の時期（個人差）の四点です。これは考えさせる内容ではないので、全て教師が教える方法をとりました。その後、実際に初潮になったときの日記を読んであげました。それが私の経験談だったのです。

「八月二十六日、夏休みももうすぐ終わりです。何かいいことないかなと思っていると、今日は不思議なことが起こりました。実は、お昼にトイレに行ったとき、紙に赤い血のようなものがついていたのです。私はお尻でもちょっと切れちゃったかなと思って、あまり気にしていなかったのですが、三時に行っても、五時に行っても同じことが起こったので、お母さんに話しました。私が、お昼からの様子を話すと、『それは月経が始まったのよ』と教えてくれました。そして、にこにこしながら、『恵子ちゃんよかったじゃない。おめでとう。あなたは本当の女の子になったのよ。お赤飯炊かなくちゃね』といいました。私は最初は、びっくりしたけれど、お母さんにいろいろ話を聞いて、私の体はちゃんと成長しているんだなと思って嬉しくなりました。今日は、私にとって一生忘れられない日となりそうです」

と読み上げると、子どもたちから、

「もしかして、先生のこと？」

と聞かれました。

「そうなのよ。だから女の子は、これから私のような経験をすると思うけど、成長している証拠なので心配しないで楽しみにしていてね」

と話しました。授業は、この後、クラスの中で（男女の成長の違いや特徴を知った上で）お互いに協力できることは何かを考えて書く作業に移りました。

子どもたちは、将来の自分を楽しみにしながらも、未知のことなので不安の部分も多いのです。そんなときには、人生の先輩である先生の話は、参考になるものです。

授業の中でもいいし、休み時間でもいいので、自分の昔のことを、たまには語ってみるのもいいと思います。

め

☆☆☆☆☆☆☆

「名探偵諸君、早目の解決を願う」

これは、私が五年生の担任をしているとき、社会科の「四大公害・水俣病」の学習の導入で、子どもたちに投げかけたことばです。少しでも事件の内容に興味をもち、当事者意識をもたせて考えを深めるために行ったものです。

授業の最初に、私は、

「みんなに解決してほしい事件があるので、今回は、一人一人に探偵になってほしい」

とお願いし、探偵事務所名と探偵名を書かせました。子どもたちは、何かワクワクしたような感じで次の話に耳を傾けました。

「名探偵諸君、実は、九州のある地方でおかしなことが起きているという。今、分かっているのは、次の三点。①場所は海沿いの町。②海の近くに工場がある。③猫が突然くるくる回り出し、最終的には死んでしまった。この情報から分かることを洗い出してくれ。早目の解決を願う。新しい情報が入り次第、また伝える。よろしく頼む」

九州のある地方
① 海沿いの町
② 海の近くに工場
③ 猫が突然回り出し、死んでしまった

と言い、まずは各自で事件の真相について考えさせました。そして、その後、それぞれの名探偵が意見を出し合いました。私は、

「〇〇名探偵どうぞ」と意見を求めました。

「猫が奇病にかかって死んでしまったということから食べ物が変なのではないかと思います」

「海に近いので魚が関係しているのでは……」

「そばに工場があるから、その煙が空気中に出て空気を汚し、雨が降ったとき、その汚れが海に入り、海を汚したと思います」

「海が汚れると、まず小さなプランクトンが汚染され、それを食べる魚も汚染されます。そして、それを猫が食べれば……。おかしくなっても当然」

「それにしても、猫がくるくる回って倒れるなんて聞いたことがないから、相当汚染されているのではないでしょうか」

「工場の煙だけでなく、排水についても調べた方がよいかもしれないな」

「その工場は何を作っているのだろう。それが分かると原因が見つけや

工場の煙、排水 → 空気（大気）汚染 → 雨がふる → 海の汚染

工場の煙、排水 → 海の汚染

海の汚染 → プランクトン汚染 → 魚汚染 → 猫の奇病による死

すいのに」

というようにどんどん意見が出され、一つの図式ができ上がりました。

　子どもたちは、名探偵になり切って意見を言い、他の探偵の意見も参考にしながら考えを深めていきました。

「次の時間は、新情報が伝えられると思うので、またよろしく頼む」

ということで終わりました。翌朝、二人の女の子に呼ばれて行ってみると、

「先生、どうしても真相が知りたくなって、あの事件のことを調べちゃったの。あれは水俣病でしょう」

と、まわりを気遣って小さな声で話してくれました。私は、

「そうだったの。でも、次の時間も、新情報をもとに、またしっかり考えてね」

と話しました。二人の反応から、興味・関心について十分

感じ取ることができ、嬉しく思いました。

私は、この他にも、『私たちの食糧生産』の単元で、輸入に頼る日本について考えさせるために、子どもたちを『研究員』にさせ、小麦の輸入がストップしたときの対策を考えさせたことがあります。多くのお菓子や麺類を作っている小麦だけに、なくなったら困ると思う子どもたちからは、よいアイデアがたくさん出されました。

「米粉を使ったクッキーなどを考える」

「品種改良をして自給率を高める」

「外国と仲よくし続けて、ストップされないようにする」

中には、外国に移住するというものもありましたが、研究員として、どうにかしなければと必死に考える姿を見ることができました。その気にさせる手法をたまには使ってみてはいかがでしょう。

も

☆☆☆☆☆☆☆

物の本質を見極める力を育てよう

卒業生とクラス会をしたときのことです。ある教え子が、

「先生、僕は先生が授業中におっしゃったことで忘れられないことがあるんです」

と言いました。

「えっ、どんなこと?」

とたずねると、

「それは、きゅうりのことなんです。確か家庭科の時間だったと思うのですが、曲がったきゅうりは形が悪いから売れないので商品にならないという話をしてくださったとき、鮮度も味も変わらないのなら、私は、曲がったきゅうりで十分だわ、とおっしゃったのです。そして、その理由が、曲がっていても、輪切りにしたら同じなのにということだったんです。僕は、そのことがすごく印象的で、今でも忘れられません」

と話してくれました。それを聞いて、そういえば、そういう話をよくしていたなあ、と思い出

しました。当時は、レンコンも白くてきれいでないと、消費者が買わないということで、業者は、わざわざ漂白して売っているとか。レンコンは泥の中で育つので、汚れていて当然だし、わざわざ漂白することで値段も上がるなんて考えられませんでした。まして漂白剤が残留していたら、どうなるのでしょう。私は、泥で汚れたままのレンコンと、漂白しているレンコンが並べて売られていたら、絶対、泥で汚れている方を買うな、と思いました。だから、そういうことを子どもたちにも知ってほしくて話をしていたのです。

服部栄養専門学校校長の服部幸應氏が、テレビ番組の中で、食育の話をなさっていたとき、選食力を身につけることが大切だと話していました。それは、バランスよく栄養が摂れるように食べ物を選ぶ力と、添加物や農薬などの害を知り、安全な食べ物を見極めて選ぶ力の二つなのです。まさに後者が、私が子どもたちに話していたことだったのです。

物だけではなく、人に対しても同じことがいえると思います。クラスの友達も、見かけで判断するのではなく、一緒に話したり遊んだり勉強したりする中で、その人のよさが分かってきます。そういうことを子どもたちに理解させれば、友達一人一人のよさを見つけることができき、仲よくなれるように思います。

人は、見かけに弱いので、結構外見で判断しがちです。でも、物の本質は見かけでは分からないのです。だからこそ、本質を見極める力を大人も子どもも磨いていけたらいいですね。

や

☆☆☆☆☆☆☆

やってはいけないことは繰り返し教えよう

毎日のように報道される殺人事件、件数だけでなく残酷さも増してきています。また、自殺者は、平成十年以降、毎年三万人を越え、一向に減る傾向はありません。交通事故死者数の約五倍だそうです。万引きについては、小・中学生の数が急増中とか。その他、人としてやってはいけないことでの事件が後を絶たず、新聞やテレビ等でたくさん報道されています。いったい日本はどうなってしまったのでしょう。

本来、このような「人としてやってはいけないこと」は、各家庭で小さいときから躾として教えられてきました。しかし、今は、家庭での教育力が低下してきたため、それが望めなくなったと、よく評論家がコメントしています。ただ現状を分析したり、嘆いたりするだけでは、解決にいたりません。ますます悪くなるだけです。

ですから、学校ではどんなことができるか、家庭にはどのようにしてもらったらよいかを考えて実行することが大切だと思います。

私は教師時代、いろいろな場面をとらえて、子どもたちに話をしたり、考えさせたりしてきました。

〈大きな事件があったとき〉

朝の会の「先生のお話」のコーナーを使い、事件のあらましを伝えた後、それが殺人事件だったら、誰にも人の命を奪うことはできないことや命の尊さについて話しました。時には、自殺についても触れ、いつかは寿命がきて必ず死ぬのだから、自ら命を絶つことはしてはいけないと話しました。

〈子ども同士がけんかをしたとき〉

相手にけがをさせてしまった場合は、まずけがの手当てが優先ですが、落ち着いたら両者を呼んで、けんかの理由を聞きました。理由には、暴力をふるわれた、嘘をつかれた、裏切られた等、人としてやってはいけないことが多々あるものです。本人たちはもちろんこれからはしないと約束して仲直りをしますが、よい機会なのでクラス全員の子どもたちが、人としてやってはいけないことを確認する場にしました。

〈家庭で話題にしてほしいとき〉

学年全体に関わることなら、学年だよりで、学級内だけのことなら、学級だよりを使ってお知らせし、家庭での協力をお願いしました。子どもたちは、学校と家庭を行き来しているので、連携は必要です。家であまり関心のない場合ならなおさらです。

人を殺す・自殺する・盗みをする・嘘をつく・だます・体や心を傷つけるなど人としてやってはいけないことは、いろいろな場面をとらえて、何度でも「いけないことだ」と教えていかなければならないと思います。

ゆ

☆☆☆☆☆☆☆

夢を語らせよう

テレビを見ていたときのことです。将来、石川遼選手のようなプロゴルファーになりたいと、一所懸命、ゴルフ場で練習をしている小学校二年生の男の子のことを紹介していました。最近のゴルフブームも手伝って、親が、将来はプロゴルファーにさせたいと、子どもが小さいときからゴルフを習わせるケースも多いので、私は、その子もきっとそうだろうと思っていました。

ところが番組が進むにつれて、そうではないことが分かりました。ご両親は全くゴルフをせず、家の中の会話にも、ゴルフの話が出てくることはなかったそうです。それなのにその子が、突然、ゴルフを習いたいと言い出したので驚いたとか。どうしてなのかたずねると、テレビで活躍している石川選手を見て、将来、プロゴルファーになりたいと強く思ったと聞かされたとのことです。

それ以後、その子は夢に向かって、毎日練習。それもただ漠然と練習するのではなく、上手

になるにはどうしたらよいか、自分なりに考えて練習するのです。時折流れるインタビューの場面でも、しっかり受け答えし、

「えっ、本当に二年生？」

と思うこともありました。なりたいものがある子は、その目標に向かって、自分から進んで行動するようになるからすごいのです。辛い練習も耐えるというより、強くなるために喜んでやっているようで、生き生きしていました。テレビに映し出されたその顔や目はキラキラ輝いて見えました。

私も、教師時代、夢をもたせることは必要だと考え、よく子どもたちに、

「みなさんは、将来何になりたいですか」

と聞いていました。最近は夢のない子が多いとよく耳にしますが、決してそうではありません。学年によって違いますが、子どもたちからは、スポーツ選手、ケーキ屋さん等、たくさんの職業が出てきます。なりたいものがないという子は、ほとんどいませんでした。小さいときの夢は、成長するにつれて、変わることもありますし、将来、その職業につかなくてもいいのです。子どもは、夢をもつことで、先程の男の子のように、今、何ができるか、あるいは、何をしなければならないかを自分で考え、進んで行動するようになります。私は、このことが生きる力につながると思うのです。

学校の図書室や地域の図書館には、いろいろな職業が詳しく分かる子ども向けの本が置かれています。そういうものを利用したり紹介したりするのもよいでしょう。

先の見えない不安の多い時代だからこそ、「生まれてこなければよかった」「私なんか生きている意味がない」などと考える大人にしないためにも、小さいときから、将来の夢を語らせることは大事だと思います。

ゆ

☆☆☆☆☆☆☆

ユーモアのある接し方をしよう

やってはいけないことをしたら、厳しく注意するのは当たり前ですが、同じ注意でも、ユーモアのある接し方をしながら、いけないことだと分からせる方法もあるので紹介します。

〈授業中に関係のないものを出しているとき〉

どの学年でも、ちょっと気を許すと何かしら出していることがあります。

一年生のT君は、国語の時間にみんなで音読をしているのに、そっと机から自由帳を出してお絵描きをしていました。すぐさま発見した私は、音読しながらT君のそばまで行き、

「あら、これは髙橋先生へのプレゼントね。ありがとう」

と、言って自由帳を取り上げました。

「違うよ。返して」

「えっ、でも国語に関係がないのに出ているということは、髙橋先生へのプレゼントだから出

していたのでしょう。ありがとう」

とにっこりしながら、私の机の上に置きました。もちろん、授業が終わったら返します。

「今、お絵描きする時間じゃないでしょ」

と頭ごなしにしかって取り上げることもできますが、プレゼントに見立てる方が、おだやかな状態でできます。後日、S君が、関係ないものを出している子どもたちからそれを集めてきて、

「髙橋先生へのプレゼントがこんなにありました」

と届けてくれました。授業中に出してはいけないものが分かると同時に、子どもたちの関係もギクシャクせずにすみました。

〈授業中、あまりにも騒々しいとき〉

「コラッ（大声で）」

と一喝したいようなとき、ありますよね。そんなときは、

「コラッ（大声で）」（ちょっと間をあける）

「と、言われないようにしましょうね（優しい声で）」

と言うと、一瞬静かになり、その後子どもたちに笑いが起きます。

「あ～、びっくりした。本当に怒られたかと思った」

ということで、教室の雰囲気はとげとげしくならずに静かになります。

〈給食中、よく立ち歩く子がいるとき〉

学年を問わず、こういう子どもはいるものです。でも、給食が始まったばかりの一年生が一番多いかもしれません。

私は、用もないのによく立つ子がいると、その子に気づかれないようにそっとその子の席に行き、座ってしまいます。まわりの子は気がついて、くすくす笑っていますが、本人はなかなか気づきません。その子なりの用事が終わり、自分の席に戻ってきて初めて気がつきます。


「座る人がいなくて、椅子さんが悲しがっていたので、代わりに座ってあげました」

と、私が言うと、

「先生、ちゃんと座るので椅子を返してください」

と言う子や、私のひざの上に座ってしまう子がいます。中には、

「じゃあ、いいや」

と、私の机の所へ行き座ってしまう子もいます。反応は様々ですが、不用意に立ち歩くと先生に座られてしまうと思い、不用意に席を立たなくなります。

参考になるものがあったら、自分流にアレンジして活用してみてください。

よ

☆☆☆☆☆☆☆

幼稚園や中学校との連携は大切

「幼稚園で、せっかく育てた年長さんを、学校では赤ちゃん扱いするけれど、あの子たちは幼稚園では何でもできるお兄さんやお姉さんなのよ。何でもやらせてほしいわ」

と、二十年ほど前、知り合いの幼稚園の先生に言われたことがあります。

そういえば、その頃は小学校に入ると、何でもすぐには始まらない状態でした。入学早々に掃除はさせず、六年生が手伝いに来ていましたし、給食も五月の連休明けから始まったように記憶しています。

最近は早まっているようですが、理由としては、時数が確保できないから、一年生も五時間目まで学習させようということのようで、子どもたちの発達段階を考えた結果がその理由ではなさそうです。

私は、生活科が始まる前の二年間、当時の勤務校が新教育課程の研究指定校だったため先行して生活科を実践していました。教科書がないので、自分たちでカリキュラム作りから始め、いろいろな実践を行いました。

創意工夫ができることや人との関わりを深めることをねらい、一年生の単元に「おもちゃランドをつくろう」を設定しました。子どもたちの自由な発想でいろいろなおもちゃコーナーをつくり、一年生自身が遊んで楽しむのですが、最終的には、幼稚園児を招待して一緒に遊ぶものです。私は、この授業をするために、何度も幼稚園に足を運び、細かい打ち合わせをしました。幼稚園児の発達段階をはじめ多くのことを学び、授業に生かすことができました。準備に準備を重ね当日を迎えましたが、一年生の子どもたちは、一歳しか離れていない年長さんを優しくリードし、おもちゃランドで楽しませてあげていました。それは、自分たちだけで遊んでいるときとは全く違い、お兄さんやお姉さんの姿でした。授業後、幼稚園の先生からお手紙をいただきましたが、そこには、卒園児の成長ぶりを見た喜びと、おもちゃランドで遊ぶことによって、子どもたちが小学校をより身近に感じ、入学を楽しみにしていることが書かれてありました。

私は、この実践を通し、このような関わり合いは、教師にとっても、子どもたちにとっても必要なことだと思いました。

中学校との関わりについても、同じように連携の必要性を感じています。

最近は、行政が中心になり小中一貫教育を推し進めているようですが、形ばかりでなく子どもにとってどういう連携が必要かを考えて実践することが大切だと思います。

私が現職時代、所属していた市の教育研究会では、小・中学校の先生が一緒になって研究をしていました。中学校の先生方は、高校受験や部活をかかえ、忙しくしていましたが、私の所属していた社会科部では、あえて「小中連携」をテーマに取り上げ、年に一回は、中学校の授業を見せていただき、中学校の実情や先生方の考え方を聞く機会としていました。もちろん、小学校の授業も二回以上公開し、子どもたちの実態や授業の様子を見ていただき、意見交流を深めました。ほんの少しの関わりなので、大きな成果が上がったわけではありませんが、小中で重複している内容が分かったり、中学校で大切にしていることが分かったりして、小学校での授業に生かせるものは多々ありました。子どもたちの学びに一貫性をもたせることができるので、よいことだと思います。

入学前に、中学生が小学校に出向き、中学校の様子を話すとか、小学生が中学校に行き中学校の授業を一時間だけ受けるとか、いろいろな取り組みを耳にしますが、子どもたちにとって未知なものへの不安が少しでも取り除かれることは大切です。

子どもたちのために、幼稚園や中学校との連携がうまくとれるといいですね。

よ

☆☆☆☆☆☆☆

読み聞かせをしよう

もう十数年前のことになりますが、当時私が勤めていた学校で、保護者による読み聞かせが始まりました（今では多くの学校でしているようです）。

一年生の保護者からの要望で、全校朝会や全校集会のない日の（週一、二回）始業前十分くらいがその時間に当てられました。

最初はぎこちない方も、回を重ねるうちに上手になり、また子どもたちは静かにお話に耳を傾け、落ち着いてきます。自分が知っている本でも、静かに聞き入っているところを見ると、本は何度読んであげてもよいことが分かります。

もちろん、図書の時間に担任が読んでもいいです。私もよくやりました。最初の十分間だけ読み聞かせの時間にしたこともあります。低学年の子どもは喜びます。高学年の子どもは、場面を想像しているのか聞き入っています。

読み聞かせのよいところは、

○低学年の場合は特に、たどたどしい読み方しかできない子もいるので、大人が読むことで、本の内容がよく分かる

○「」の部分など、大人だと本当の会話らしく、声色を変えて読むことができるので、臨場感を伝えることができる

○子どもが本を選ぶときは、自分の好きなものに偏《かたよ》りがちですが、読み聞かせの場合は、いろいろ考えて選ぶので、その子が読みそうもない本について聞かせることができる

○どちらかというと、目より耳を使って聞くので、集中力が高まり、場面や登場人物の様子を想像することで思考力も深まる

○自分のために読んでくれているという心を感じる

などが考えられます。

毎日忙しく過ごしている教師ですが、子どもたちの貴重な十分間に読み聞かせのプレゼントはいかがでしょうか。喜ぶと思います。

ら

☆☆☆☆☆☆☆☆

楽天家になることも時には必要

どんな職業についても、悩みはつきものだと思います。

教師の場合、授業のことや生活指導（生徒指導）のこと等、子どもに対してがほとんどですが、時には親との関係まで発展することもあります。

くよくよ悩んでいると、どんどん泥沼にはまり込み、よい考えが浮かばず、解決策が見つかるどころか、事は深刻になるばかり。悪循環です。

かつて、先輩の同僚と学年を組んだとき、その先生は、私が、

「○○なことがあったのですが、どうしたらいいでしょう」

と、学年内の悩みを相談すると、いつも、

「いいのよ、いいのよ、そんなこと。大丈夫、たいしたことではないから」

と言ってくれました。その基準になっているのは、

「子どもの命に関わることでもないし、けがをしたわけでもないし……」

という点でした。

先輩のこういう受け取り方は、私の気持ちをいつも楽にしてくれました。そして、そのことが、落ち着いて対処できる原動力になっていたような気がします。

どうにもならないときは、

「これはなるようにしかならない。いつかはどうにかなるさ」

と、楽天的になってみることも必要かと思います。その方が、きっといい方向にいくような気がします。

り

☆☆☆☆☆☆☆

理由を聞こう、理由を言おう

息子が小学校五年生のときです。我が家でこんなことがありました。

当時、娘は二年生で、放課後は学童クラブに行っていました。息子の方が早く帰れるので、家の鍵は息子にだけ持たせていました。

三月のある日のことです。私がいつものように家に帰ると、家の中には誰もいません。六時はとっくに過ぎているので、娘は学童から帰っているはずです。私は心配になり、同じマンション内の娘の学童友達の家に電話をかけました。すると、娘はそこにお邪魔していることが分かりました。どうも息子が学校から帰っていなくて、家の中に入れず、困った挙げ句、そこのお家に行ったようでした。私はすぐ、娘を迎えに行き、二人で家に戻りました。まもなく、息子があわてて帰ってきました。その息子に向かって、私は、

「どうしてこんなに遅いの！　妹が家に入れなくて困ったのよ。今までお友達のお宅にいさせてもらったんだから……。鍵を持っているのは、お兄ちゃんだけなんだから、もう少し時間の

こと考えてよね」

と、怒って言ってしまいました。すると、息子が、

「ごめん。○○ちゃん（妹）が家に入れなかったのは悪かったんだけど、今まで飼育委員の子のお手伝いをしていたんだ。というより修業かな。僕、四月に六年生になったら、飼育委員になろうと思っているんだ。飼育小屋には、うさぎやにわとりがいて、今月までは、ベテラン飼育委員がお世話をしているからいいけど、四月になったら全員が新米飼育委員になるので、お世話もぎこちなくなるでしょ。そうすると、うさぎやにわとりは、かわいそうだと思わない？　だから、スムーズにお世話ができるようにするため、今の飼育委員の子に教えてもらっているの。それで、今日はこんなに遅くなっちゃったんだ」

と、言いました。それを聞いて、私は、先に遅くなった理由を聞いてあげればよかったと反省しました。息子がしてきたことは、決して悪いことではなく、逆にほめてあげてもよいぐらいのことでしたので、怒らずに対応できたからです。私は、

「これからも、修業をするでしょうから、そういうときは、学童クラブに行って妹に鍵を渡してからにするとか、妹が困らないように考えてあげてね」

と言いました。

　人が何か行動を起こすときは、何らかの理由があるものです。特に悪いことについては、先

に理由を聞いてから対処する方が、冷静に事が運ぶように思います。

また、逆に教師の方も、子どもや親に対して、何かをするときは、その理由を言うようにするといいと思います。言い訳ではなく、行動の裏づけとなる根拠です。

私は、四年生を担任していたとき、保護者会で、毎日宿題を出してほしいと言われたとき、それを受け入れませんでした。それは、担任が余分な仕事が増えるから大変という理由ではなく、私なりの考えがあったからです。ですから、そのことについて、みなさんに次のように話しました。

「一、二年生なら、毎日の習慣づけとして、先生が一律に同じ宿題（プリント等）を出すのもいいでしょう。でも、子どもたちは、今四年生です。四年生ぐらいになると、得意不得意も出てきます。漢字も、一回で覚えてしまう子もいれば、何回も練習しなければ覚えられない子もいます。また、国語は得意だけど算数は苦手という子もいます。ですから、一律に同じ宿題を出すより、その子なりの勉強ができるようにさせる方がはるかによいのです。漢字は得意だけど算数は苦手という子なら、漢字は一回ずつ練習して、余った時間は、算数に当てられます。自分の状況を子ども自身が知り、苦手を克服するための計画を立てたり、逆に自分が好きなことをもっと伸ばすための計画を立てることもできるでしょう。それに添って勉強する力をつければ、中学生になっても困りません。家庭学習として、一律の宿題をこなすなら、その子なりの自由勉強をさせる方がはるかによいと思いませんか。自由勉強としての宿題なら、週一回点検してアドバイスをすることもできるので、私も協力します」

これを聞いて、多くの保護者の方が納得し、そのクラスでは、自由勉強が始まりました。ノートに書くような勉強ばかりではないので、例えば、鉄棒の練習をしたときなどは、ノートに、練習したときの様子、結果、工夫した点、感想などを書くようにさせました。中には一ページ分、びっしり迷路を描いてきた子もいて、その集中力に驚かされたり、料理を作り写真を貼ってきたり、幅広い生きた学習が見られました。

このように、教師がその理由をしっかり話すことは、安心を生むので必要だと思います。

る

☆☆☆☆☆☆☆

ルールの大切さを教えよう

子どもは、毎日学校の中で、社会のルールを学んでいます。人間社会では、大勢になればなるほど、わがままはきかなくなり、ルールを守らなければなりません。学校は、家庭ではできない集団の躾をする場なのです。

一年生の担任をすると、『先生や友達の話は黙って聞こう』と教えます。一対一や数人でのおしゃべりなら、ルールなく話せますが、集団になるとそうはいきません。黙って聞く訓練をします。これがうまくいっていないと授業もまともにできなくなるので大事なポイントです。

でも、中には、どうしてもしゃべってしまう子がいます。そんなとき、私は、その子に、

「みんなも、あなたのようにしゃべりたいのをがまんしているのよ。聞いてみましょうか」

と言って、みんなに確かめます。

「みんなも、本当はしゃべりたいでしょう?」

と聞くと、口々に、

「うん。そうだよ。しゃべりたいよ」

と答えます。

「ねっ、そうだったでしょう。一度、みんながまんしないとどうなるかやってみようか」

と言って、先生が話しているとき、子どもたちに好き勝手にしゃべらせることにします。

「では、がまんしないでしゃべる実験始め！」

と言って始めると、もう教室中、ガヤガヤと騒々しい状態になります。そこで、

「はい、実験やめ！」

と言って静かになってから、その子に
「どうだった？　みんなが今までがまんしていたことが分かったでしょう」

と聞くと、ほとんどの子は、うなずきます。でも、中には、なかなか直らない子もいますから、静かにできたときは、ほめるようにして訓練を続けます。

また、聞きたいことがあると、すぐ席を立って先生の所に来る子もいます。友達が立っていると、自分も立ちたくなって、前に来る子が増えてしまうので、質問のときは、自分の席に座ったままで、手を挙げることを徹底します。このように学習には訓練が必要です。給食や掃除なども、そのクラスのルールを作って、時間内に安全にできるようにするとよいと思います。

廊下、階段、昇降口は、いろいろな学年の大勢の子どもたちが使うので、走ることは禁止です。社会でいえば、道路や駅に当たる所で危険がいっぱいです。これについては、走るとどういうことが起きるか、学級活動などで話し合って、意識を高めることと、実生活の中で走っているところを見つけたとき、その場で指導することの両方が必要になります。学校は、大勢が生活している所なので、きまりや約束などのルールがたくさんありますが、それらを守ることで、みんなの命を守ったり、しっかり学習できる環境を作っていることを、日頃から、子どもたちに認識させられるといいですね。

れ

☆☆☆☆☆☆☆

連想ゲームは楽しいな

学校行事がらみで、予想外に自由時間が生まれることがあります。例えば、子どもたちが手早く準備したため、予定時刻までかなりの時間がとれたとか、行事自体が早目に終わり、思いがけない自由時間ができたとか。休み時間として外に出すわけにもいかないようなときは、クラス全体で遊ぶと楽しい時間になります。

私がよくやっていたゲームを紹介します。

①連想ゲーム

どんどん連想していくゲームです。

まず座席を動かさずチームを決めます。次にスタートからラストまでの順番を決めます（図のような流れがスムーズです）。

いよいよゲームに入ります。スタートの子が先生の所に最初のことばを聞きにきます。先生

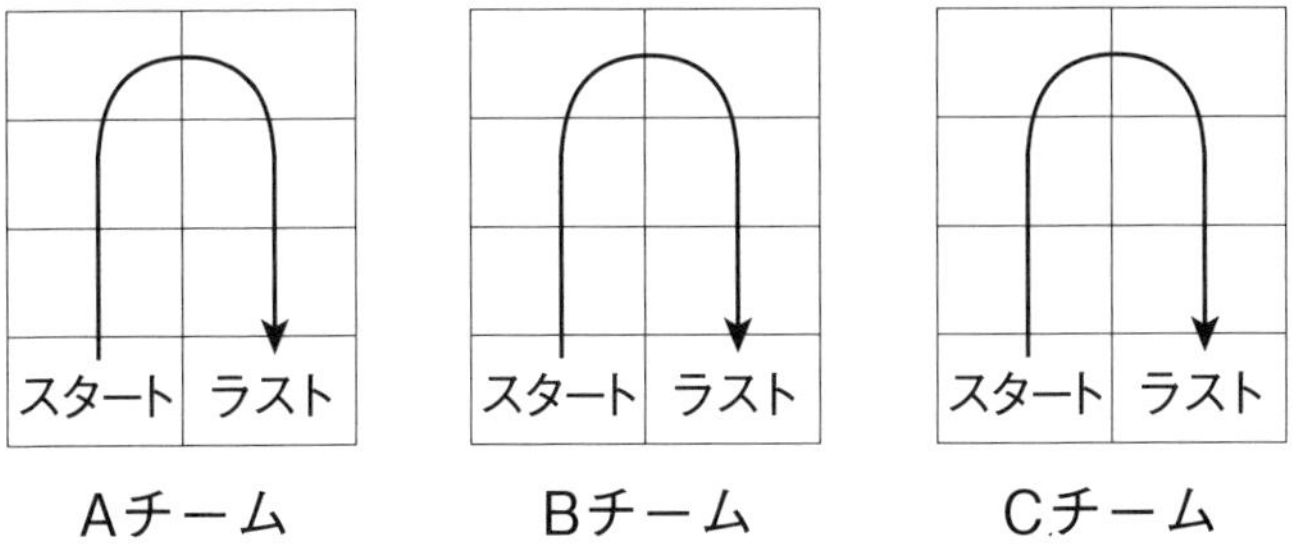

は一種類を三人のスタートの子に伝えてもいいし、三種類をそれぞれの子に伝えても構いません。例えば、先生が「砂糖」と言ったとします。すると、スタートの子は、それを聞いて最初に連想したことばを次の子に耳元でそっとささやくように伝えます。

「砂糖」（先生）↓「白い」（スタートの子）↓「雪」↓「冷たい」↓「氷」↓「南極」↓「ペンギン」↓「動物園」（ラストの子）となったとします。ラストの子は、自分が連想したことばが決まったら立って待ちます。ラストの子が全員立ったら、一チームずつ、どう変化していったか披露します。先生が司会を務めます。

「ラストの人が連想したことばは何ですか」

「動物園です」

「あら、先生は砂糖と言いました。どのように動物園になったのでしょう」

と言い、二番目からラストの前の子まで順番に一人一人聞いていきます。すると砂糖から動物園までの変化の様子が分かり、子どもたちは時々笑いながら聞いています。

この遊びで注意しなければならないのは、人の名前は言わないということです。子どもの名前が出て変な連想につながったら大変だからです。私は、私の名前だけは使ってもいいことにしました。

②言い合い合戦ゲーム

出されたテーマに関係あることばを言い合うゲームです。司会と審判は先生が務めます。時間がたっぷりあるときは、クラス全体を二つに分け、全員の順番を決めますが、時間が短いときは、やりたい子にやらせます。他の子は観客としても結構楽しめます。
代表二人が、先生を間にして、向かい合って立ちます。じゃんけんで先攻を決めます。先生が出すテーマについて先攻からことばを言います。
「では、テーマは冬です」
先「雪」
後「マフラー」
先「手袋」
後「こたつ」

先「あつあつ鍋料理」

後「……」

つまったら、審判の先生は十数えます。

「一、二、三、四、五……十、残念でした」

十までの間に後が言えたら続行ですが、十になったら先の勝ちとなります。二人とも終わりにしてもいいし、勝ち抜き戦にしてもいいです。そのときの時間とやりたい子の人数によって決めてください。

③班対抗しりとり合戦

これは、単純に班ごとのしりとりです。司会進行は先生がします。先生が最初のことばを言い、一班から順番に言わせていきます。班に四人いたら、全員言っていいルールにします。しかし、その場合、一人しか言わないときもあるし、四人が違うことを言う可能性があるので、司会進行の先生が、その中の一つを決めてつなげていきます。

司会（以下、司）「では、テレビ。ビです」
一「ビー玉」
司「ビー玉のま」
二「マントヒヒ」「まり」
司「マントヒヒのマ」（どちらか決める）
三「まな板」
司「まな板のた」
四「タコ」
司「タコのタ」
五「……」
司「一、二、三、四、五、ドボン。五班は残念！　失格なので六班」
六「タラコ」
司「タラコのコ。六班まで終わったからまた一班です。どうぞ」

と続けていきます。途中失格したチームが抜けていくので、最後に残ったチームが優勝となります。

急に生まれた短い時間なので、先生が中心になってどんどん進め、

「短かったけど、楽しかったね」

「また今度先生やってね」

と言われるように終わりたいものです。

ろ

☆☆☆☆☆☆☆☆

六年生と一年生の交流が育てるもの

私が小学生の頃（昭和三十年代後半）は、家に帰るとよく近所の子どもたちと遊びました。高学年のお兄ちゃんがリーダーで、下は、二〜三歳ぐらいの子までいて、みんな仲よく遊んだものです。大人は余程危いことをしない限り口出しはせず、全て子どもたちに任されていました。みんなそれぞれの能力を知っているので、小さい子に無理なことは、年上の子がやってあげるとか、新しい遊びをするときは、リーダーや年上の子が、必ずみんなに分かるようにしてくれるとか、いろいろなことが自然に身についていきました。

今は、兄弟の数も減り、近所付き合いも減っているので、このような力はなかなか身につきません。そこで多くの学校では異学年の交流活動を取り入れています。

特に六年生と一年生との交流には、ほほえましいものがたくさんあります。

四月になると、入学したての可愛い一年生のお世話を当たり前のように六年生にお願いしますが、六年生もかなり大変のようです。

私が六年担任のときは、一年生当番をつくり、班（四人位）ごとに、毎日交替で一年生のお世話をさせていましたが、教室に戻ってくるなり、

「先生、五、六人が一斉に僕に飛びついてくるから倒れるかと思ったよ」

「一人をおんぶしたら、みんなおんぶしてほしいといって並び出して……。疲れたあ～」

といった感じ。中には、ぶたれたり、つねられたりして血がにじんでいる子どももいましたが、ぐっとがまんして、

「痛いからやめてね」

と、優しく口で注意したとかで、その成長を嬉しく思うこともありました。

日誌を書かせていたのでそれを見ると、○○ゲームは乗ってやっていたけど○○ゲームは人気なしなのでやらない方がよいといった内容も書かれていて、次への申し送りもしっかりやっていました。私は、教師として、一年生のお世話は六年生を育てるいい機会だなと思っていましたが、息子が六年生のとき、親としてもそれを感じられるような出来事がありました。

それは、息子が六年生の六月頃のことです。夜、玄関のインターホンが鳴りました。

「どなたさまですか」

と聞くと、

「○小一年の○○です」

と、お母さまらしき人の声。ドアを開けると、そこには、一年生の男の子とその母親が花束を持って立っていました。お話を聞くと、入学前、人との関わりで学校に行けるかどうかすごく心配していた子どもだったが、私の息子が登校時、道で会うと必ず一緒に行こうと、声をかけてくれたり、休み時間も一緒に遊んでくれたりしたので、不安なく学校に行くことができたというのです。そして、今回急に引っ越すことになったので、そのお礼に伺ったとのことでした。主人も私も驚きながらも、お風呂に入っていた息子に、バスタオルを巻いて玄関に出てくるように言いました。何も知らない息子は、

「あれ？　〇〇ちゃんどうしたの？」

と言っていましたが、引っ越すと聞き、別れを残念がっていました。花束をもらうことについては意外だったようで、本人も驚いていました。

息子がこの一年生の子にいろいろしてあげたことも、きっかけは、六年生による一年生のお世話であり、このような場があったからです。そこから、子どもたちは、その交流を発展させていくことがあるのだと知り、私は改めて、異学年の交流の大切さを感じました。

ろ

☆☆☆☆☆☆☆☆

廊下を素敵なギャラリーに

学校では、廊下・階段・ベランダは非常時の避難経路になるため、ものを置いてはいけないことになっています。

しかし、廊下や階段は、児童や教職員だけでなく保護者や地域の方々など大勢の人が通る場でもあるので、掲示板を大いに利用したいものです。あまり広い掲示板は設置できないと思いますが、使い方によっては、素敵なギャラリーに変身します。

教室前の廊下の掲示板だったら、クラスの子どもたちの作品（絵・作文・詩・俳句・短歌等）や、子どもたちが見つけてきたニュース（低学年は身近なもの、高学年は日本や世界のこと）、または、季節感のある掲示物を貼ってもいいでしょう。

昇降口、階段の上り口、空き教室前の掲示板は学校全体で割り振り、計画的に使っていくと、生きた掲示板になり、子どもたちが楽しみにするようになります。

使っていない掲示板があったり、一年中同じ掲示物が貼りっぱなしになっていたりすることなく、学校全体や学級での活動の様子が伝わる素敵なギャラリーにしてほしいと思います。

わ

☆☆☆☆☆☆☆

悪いことをしたらどうなるか教えよう

ここでいう「悪いこと」は犯罪にあたるようなことです。

学校生活では、子どもたちが未熟な段階なのでいろいろなことが起こります。

隣の子の文房具を取ってしまう、暴力をふるいけがをさせてしまう、お金を持って来いと脅してしまう等々。

これらのことは、一般社会で大人がやれば明らかに犯罪で警察に捕まりますが、子どもが学校の中でしたことであれば、教師の指導が入り、その子自身が悪いことをしたと反省し、今後はやらないと約束し、相手に謝って許してもらえば解決となります。

ニュースなどで悪質な犯罪を耳にすると、私は、この人はどうしてそんなことをするのだろう、捕まって刑務所に入ることになると考えないのだろうかといつも思います。先の自分が見えないがため、自制できず犯罪を犯してしまうとしか思えないのです。ですから私は、学級で許しがたい事件が起きたときには必ず、悪いことをしたらどうなるか、捕まった後の生活について話して聞かせました。

「悪いことをして警察に捕まると、刑務所に入れられ、今、みんなが当たり前のようにしていることができなくなります。例えば、毎日学校に通ってくることや友達と遊ぶこともできません。お家《うち》に帰りたいといっても、帰してもらえません。刑期が終わるまで、刑務所で生活することになります。悪いことをすると、そういう罰が待っているということなのです」

最近は、小学生でも同級生を殺してしまうような事件が起きています。だからこそ、クラスの中で、許しがたい事件が起きたときにはその場をうまくとらえて適切な指導ができるといいですね。ぜひ、捕まった後どうなるのか話をしてあげてください。

わ

☆☆☆☆☆☆☆

「分かる」とは、態度で示すこと

授業中、子どもたちに何かを学ばせた後、よく教師は、

「分かりましたか」

と、声かけをします。すると、子どもたちは、

「分かりました」

と、当然のように答えます。

このような光景は、日常よくあることで、私もよくやりました。

子どもたちのトラブルでも、話し合いをさせた後に、何が悪かったかをしっかり理解してほしい気持ちから、念を押すように、

「〇〇することはいけないことだと分かりましたか？」

と聞き、子どもが、

「はい、分かりました」

と答えると、安心したものです。

でも、本当に分かったといえるのでしょうか。次の事例で考えてみたいと思います。

『廊下は走ると危険なので右側を歩きましょう』という指導はどの学校でも日常的に行っています。にも拘らず、子どもたちはよく廊下を走ります。

走って来た子を危なくないように止めて、

「廊下は走ってもいいのですか」

と聞くと、百パーセントの子どもが、

「だめです」

と答えます。ひどい場合、答えた直後、また走って行ってしまう子もいます。頭の中では分かっていても、行動がともなっていないのです。

私は、本当に分かったかどうかは、行動を見なければならない（分からない）と思っています。ですから、走っている子への指導も行動に結びつくようにしてきました。一例です。

走って来た子を危なくないように止めて、

「現行犯逮捕です！　どうして捕まったか分かりますか？」

と聞きます。子どもは、

「廊下を走っていたからです」

と、もちろん答えます。

「本当はどうするのですか？」

「右側を歩きます」

「できますか？」

「はい、できます」

「でも、口では何とでも言えるので、やって見せてください」

と言うと、百パーセントの子どもたちが歩いていきます。私は歩いていく後ろ姿に向かって、

「次は逮捕されないでね」

と、声かけをします。そして、次にその子に会ったとき、歩いていたら必ずほめるようにしていました。


廊下の歩き方については、一人の教師だけ頑張っても限界があるので、校内の教師が一丸となって指導に当たる必要があると思います。でも、その指導は「走るな」ということではなく、「正しい歩き方をやって見せてください」というような子どもが自ら考えて行動できるものの方がよいと思うのです。

このことを日常、教師も子どもも意識して生活すれば、廊下を正しく歩ける子は増えていくと思います。

廊下の歩き方を例に、本当に分かるということについて考えてきましたが、口ではなく行動に示してこそ、分かったと言えると思います。

授業中、関係ないことで騒いでいたら、

「今、どうする時間かな。口で言わないでいいから態度で示してみましょう」

と言うと、一年生でも静かになります。

学校生活のいろいろな場面で、『分かるとは態度に示すこと』を意識してみてください。

を

☆☆☆☆☆☆☆☆

「を」の指導は一年生でしっかりと!

きのお、ぼくわこうえんえぼうるおもっていきました。

これは、一年生の子どもたちが書きそうな文の一例です。入学早々ひらがなを習い、次にカタカナを習うと、一応文も書けるようになりますが、声を出しながら、音《おん》をたよりに書くので右のような文になってしまいます。「あのね帳」に日記を書かせたことがありますが、句読点がなかったり、小さな「っ」が抜けていたりして、目でさっと追うだけでは何を書いているのか分からない文に出会うこともありました。でも一所懸命書いてくるので、一つ一つ読解しながら読み、書く意欲がなくならないように、コメントをたくさん書いたものです。

一年生といえども、いつまでも右のような文を書いていたら困ります。指導をした内容については、できているかどうかしっかり点検する必要があります。

例えば、「〜を」のときは、「お」ではなく「を」を使うという学習をしたとしましょう。その後、子どもたちが書いた文の中で間違った使い方を見つけたら、その子に、必ず直させることが大事です。場合によっては、いくつか練習をさせることが必要な子もいるかもしれません。定着するまで個別指導は欠かせません。また、時には、全体指導も入れるとよいでしょう。つい「お」と書いてしまうような子が、気をつけるようになります。繰り返し指導することは大切です。

学校では、各学年ごとに学習内容が決まっています。その学年で教えるべきことは、その学年のうちに定着させたいものですね。

一年生の終わりには、みんなが、

きのう、ぼくはこうえんへボールをもっていきました。

と、書けるといいですね。

ん

☆☆☆☆☆☆☆

「ん」は終わりではなく始まり

五十音順では『ん』で終わりですが、何か問題が起きてお手挙げ状態になったり、投げ出したくなったりしたときには、『ん』は始まりです。

「ん〜、ちょっと待てよ」

と、心を落ち着かせ、冷静になってその出来事を見直してみてください。そうすることで、どうしてそうなったのか、何が一番の問題点なのか、それに対して自分はどうしたらよいのか、何ができるのか等々、一つ一つ考えることができるからです。今まで見えていなかったことが見えてきて、自然と解決の糸口も見つかるものです。

私も高学年を担任していたとき、苦しいことがありました。一人の子どもが逆らい出し、それが数人に広がり、やがてクラス全体の雰囲気までおかしくしていきました。もちろん、自分なりに、いろいろな手立てはしてきたのですが、悪い方へ悪い方へ行くのです。一度歯車を全部はずして、もう一度最初からつけ直したいと思うほど、どうすることもできなくなりました。自分が情けなくなり、ずいぶん自分を責めました。でも、責めれば責めるほど心が余計に暗く重くなるだけで何の解決にもなりませんでした。早く解決したいと思うばかり、あせってろくに考えもせず行動していたのかもしれません。それに気づいて、私は、やっと、

「ん～」

と、考え始めました。私がしてきたことと子どもたちがしてほしかったことがずれていたのではないか、何が一番いけなかったのか、今後どうすればいいのか等々。冷静になっていろいろ考えたことの中から、自分ができることを実行していきました。逆らっていた子については、その子の悪い行動よりも善い行動（ささいなことでも）を見つけ極力ほめるようにしました。その結果、その子との関係もよくなりクラス全体の悪い雰囲気も徐々になくなり落ち着いてきました。自分の力では足りない部分については、同僚や保護者の力も借りました。正常な学校生活ができるようになったときやっと、私にも子どもたちにも笑顔が戻りました。

静かに目をつぶり、

「ん～」

と、冷静に考える時間は、次への行動の始まりです。体験から、私はそう思います。

おわりに

私が二冊目の本を出版することになるとは、実は夢にも思っていませんでした。でも、人生は不思議なものですね。一冊目の本がきっかけで、今回実現することになりました。

平成十九年七月に、『先輩ママの子育てたまてばこ』を出版した際、知り合いの先生に、「この手の本で先生版を書いてほしいな」

と、言われました。理由をたずねると、今は毎年必ず初任者が入ってくるのに、時間がなくていろいろ教えてあげることができないので、本で学ばせてあげたいからというのです。

でも、その時の私は、なぜ私が……という思いと、私自身が初任者を担当しているわけではなかったので、すぐに書く気にはなれませんでした。

ところが翌年、縁あって初任者の先生と関わる機会に恵まれました。私はいろいろな質問や相談を受け、それに答えているうちに、若い先生が、多くの不安や疑問をかかえながら毎日教壇に立っていることを改めて知りました。そこで、この先生たちのためなら、一つの手助けとして本を書いてもいいなと思ったのです。

この本には、机上の空論ではなく、私が教師時代に学んだこと、体験したこと、大事にしてきたことがたくさん（本当はまだまだありますが）書かれています。いわば『恵子流』です。世の中には、多くの先生がいますから、いろんな先生の『〇〇流』のよさを学びながら、最終的には、よりよい『あなた流』をつくり上げていかれたらよいと思っています。そのために、『恵子流』が一つでも参考になれば嬉しいです。参考になるものがあったら、ぜひ多くの方に広めていただければ幸いです。

また今回、この本を書くことによって、改めて自分の教師生活を振り返り、まとめをすることができました。このような機会に恵まれ、本当に感謝の気持ちでいっぱいです。

最後になりましたが、今回もカバーに素敵なイラストを提供してくれた弟（スージー甘金）に感謝するとともに、文芸社文化出版部、編集部の皆様をはじめ、多くの方々にご指導、ご支援をいただきましたことを心より感謝申し上げます。ありがとうございました。

平成二十二年六月

高橋恵子

著者プロフィール

髙橋 惠子（たかはし けいこ）

東京都出身。

東京学芸大学教育学部卒業。

東京都の公立小学校教員として28年間勤務。

退職後、手づくり教材・掲示物のアイディアルーム「ぽけっと」を立ち上げ、身近な先生方を中心に、心温まる手づくりの季節の掲示物などを提供している。

一男一女の母。孫二人。同居家族は、夫、娘。

著書『先輩ママの子育てたまてばこ』（文芸社　2007年刊）

ブログ　孫と遊ぶばあばの日記「おてて　つないで」
http://pocketroom.blog89.fc2.com/
手づくり教材・掲示物のアイディアルーム「ぽけっと」
http://blog.goo.ne.jp/pocket-2005/

惠子先生の教育たまてばこ

2010年 9 月15日　初版第 1 刷発行

著　者　髙橋 惠子
発行者　瓜谷 綱延
発行所　株式会社文芸社
〒160-0022　東京都新宿区新宿1－10－1
電話　03-5369-3060（編集）
03-5369-2299（販売）

印刷所　株式会社エーヴィスシステムズ

ISBN978-4-286-09193-8